제2 법정록
(第2 法廷錄)

이쌍수 지음
(전 법원이사관)

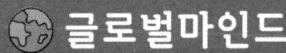

서문

할 말을 못 하는 것을 두려워해야 한다

나는 30여 년 법원 경력과 10여 년의 법무사경력을 쌓으면서 평소 대화 중 기억해 둘 만한 말이나 일화를, 책이나 신문을 읽으면서 마음에 와닿는 문구나 내용을 기록했다.

이 책이 그러한 기록의 열매이고 그 기록에 기초하여 추리하는 것이지만 일부 내용에 대하여 독자들로부터 비판 또는 불만이 있을 수 있다는 우려를 하게 된다.

하지만 일단 그러한 우려를 내려놓고 이 책의 저술을 마무리하였다. 나는 "남에게 욕먹는 것을 두려워하기보다는 내가 할 일이나, 할 말을 못 하는 것을 두려워해야 한다"라는 평소 날 선 생각(삶의 신조)으로 살아왔다. 그래서 그런지 이 책의 내용에 대하여 호평을 받을 자신과 아울러 비난을 받을 각오도 하고 있음을 미리 밝혀둔다.

이 책을 [제2법정록(第2法廷錄)]'이라고 부르는 데는 나름의 이유가 있다. 법원의 참여관(입회서기)은 재판(변론)기일에 조서를 작성하기 위하여 오늘날은 아니나 예전에는 법정록(法廷錄)이라는 장부를 만들어 법정에 가지고 들어갔다. 그리하여 심리의 모든 사항(당사자 출석 여부·신문·진술·증언 등등)을 기록해 가져 나와 조서용지에 다시 정리(조서작성)하였다. 나는 그 장부를 연상하면서 이 책이 법정 밖의 법조생태까지도 기록하는 장부로의 기능을 할 수 있다는 의미에서 그렇게 이름을 붙여봤다.

◎ 이 책을 출판한 목적은 다음과 같다
① 소송을 하거나 공판을 받는 사람이 법원이나 검찰을 어느 정도 알고 있는 것과 전혀 모르는 것과는 그 대처방법에 차이가 있다고 보아 독자가 이 책을 통하여 그 속을 조금 이해하도록 배려하기 위함이다.
② 이 책의 내용은 쉽게 밖으로 드러나지 않은 법원과 검찰의 얄미운 속성 및 변호사업계의 어두운 풍속을 세상 밖으로 끌어내 알림으로 그 정화(淨化)의 동기를 마련해 보고자 하는 야무진 속셈도 담겨 있다.
③ 민사소송을 하거나 혹여 형사공판을 받을 것에 대비하려는 사람

에게 사전 예비상식을 가르쳐주어 소송이나 공판의 두려움을 거두고 좀 더 쉽게 접근하도록 하려는 의도가 담겨 있다.

일반적으로 소송을 해야 할 사람이나 당하는 사람이 소송을 지나치게 어렵게 생각하고 심지어는 두려워하기까지 하는데, 그런 생각과 두려움을 덜어주고 싶었다. 아울러 스스로 감당해 보려는 용기를 주어 소송의 친숙화(親熟化: 소송 공포증의 극복으로 소송 친화적 분위기 조성)를 도모하기 위함이다. 만일 법률전문가의 도움이 필요할 때 그 선택의 요령을 알려주어 좀 더 실속 있는 소송결과를 도출해 내도록 미력하나마 도움을 주기 위함이다.

나는 그동안 이 책을 읽게 되는 독자 제위로부터 "이 책을 재미있게 읽었고 유익한 내용이었다"라고 하는 칭찬을 받을 수 있도록 정말 애를 썼다.

그러나 이 책을 읽는 모두의 칭찬은 기대하지 않는다. 왜냐하면, 나는 남자이고 법원 조직원이었기에, 나도 모르는 새 그 본색이 드러나기 마련이고 조직 보호 본능을 숨길 수가 없으리라 여기기 때문이다.

하지만 되도록 양심에 부끄러운 작태(作態)를 보이지 않고, 내용의 격과 질을 보통이상의 수준으로 유지하는데 무던히도 애를 쓴다고 나름대로 노력을 기울였다. 솔직히 나는 천학비재(淺學菲才)하여 내실과 품격을 갖추지 못하고 상식에서 벗어난 생각이나 거친 말들이 있음을 미리 밝혀둔다.

외람되게 이 책이 만인의 법조통람(法曹通覽)이 되기를 바라고 사법기관(법원·검찰)과 변호사의 가슴에 정중히 나의 청원서로 접수하고자 한다.

　끝으로 일단 목차를 먼저 살펴보시고 이 책의 내용을 가늠하시기 바라옵고, 이 책을 구독하시는 분은 한 번의 적선 기회(자선)와 법조세계를 유람하는 즐거움을 누리시길 바라면서 이 책의 서문으로 갈음하고자 한다.

☞ 이 책이 다행스럽게 판매가 잘 된다면 그 판매대금의 일부를 우리 주변의 어려운 분들과 해외 난민들을 위해 쓰고자 하는 마음도 있음을 먼저 밝힌다.
(이 책값 수익금의 절반은 자선지원금으로 기부하는 조건으로 출판한다.)

2021년 4월
법무사(전 법원이사관) 이쌍수

차례

Chapter 1.
제1 법정

1) 소송에 대한 형식상 편의도모   11
　① 소장의 고정적 개념 타파와 작성의 부드러움을   11
　② 각종 이의의 형식 및 내용의 부드러움을   20
　③ 판사의 재판 진행절차나 심리태도에 대한   27
　　　즉시 이의제기 감행
　④ 고소 고발장 작성의 편리함을   33
2) 제4심 법원의 설치(?)   39

Chapter 2.
제2 법정

1) 민사소송   44
2) 형사소송(공판)   55
3) 진정서 탄원서의 위력?   69

Chapter 3.

제3 법정

1) 재판에 관한 이야기(증거) 1   74
2) 재판에 관한 이야기(증서) 2   81

Chapter 4.

제4 법정: 법원의 속살(본 대로, 들은 대로)

1) 법관들의 품평회   88
2) 판사의 오판은 어떻게 처리하고 있나요?   97
3) 우리나라의 대법원(大法院), 貸法院(이름을 빌려준 법원)이였다?   100
4) 보고 들은 대법관님들의 근무형태   104
5) 시국사건을 대하는 판사들의 꼴   110
6) 판사들의 엉뚱한 면들(ㅎㅎㅎ)   115
7) 판사들의 콧대는 얼마나 높나?   121
8) 일반직이 그렇게 무시당할 존재인가?   125
9) 판사들의 재판 꼴(성향)   129
10) 합의부 판사들의 판결합의는 어떻게 하나?   131
11) 판사들의 애교적 실수   133
12) 판사들의 이런저런 모습   135
13) 판사들의 권위의식(인간적 순수성?)   143

14) 판사와 참여관의 관계 144
15) 판사들의 재미(?)있는 이야기 152
16) 판사들과 변호사들과의 관계 156
17) 판사들의 성비(性比)에 따른 꼴(분위기) 167
18) 가정법원에서의 겪었던 일 169
19) 판사들의 스타일 171
20) 판사들에게 전관예우는? 176
21) 정치 판사가 문제일 수는 있으나
　　정치는 문제가 아니다? 184

Chapter 5
제4 법정: 예비법조인들의 탄생 비화

1) 연수원의 연수 성적이 평생을 좌우한다. 196
2) 사법 연수생들의 시험지옥 통과하기 200

Chapter 6
제5 법정

1) 법창(法窓)에 비치는 변호사의 모습 205
2) 변호사는 돈값을 한다. 208

3) 지는 재판을 위해 돈을 받는 변호사   211
4) 변호사에게 과연 공인의식이 있는 있는가?   214
5) 법률전문가는 변호사만이 아니다!   229
6) 변호사들의 법정 태도(연술(演述) 능력)   236
7) 변호사의 수임료 상한이 필요한가?   238
8) 변호사의 미래   245

Chapter 7
제6 법정

1) 사법기관이 필요 없는 세상을 위하여   253
2) 사법기관의 진화는 계속되어야 한다.   259
3) 사법근본주의를 제창한다.   261

Chapter 8
법정 외 기록

1) 미래사법에 대한 엉터리 예언서   266
2) 자문자답(이 책의 핵심정리)   268

후기   276

Chapter 1
제1 법정

1) 소송에 대한 형식상 편의도모

소송은 어려운 것이 아니라 조금 까다로울 뿐이다. 법원은 당사자가 좀 더 편한 소송을 하도록 적극적으로 지원할 의무가 있다.

일반적으로 소송은 까다롭고 어렵게 인식하고 있어 소송을 하고 싶어 하는 것이 아니라, 소송 이외에는 다른 방법이 없어 어쩔 수 없이 하는 경우가 다반사일 것이다.

실제로 소송을 하려면 엄격한 요건과 절차를 준수해야 한다. 소송당사자가 소송법에서 정하는 요건에 맞추어 제기하고 변론이라는 과정(절차)에서 각 주장하는 바에 따라 소송자료(증거)를 현출시켜 그 주장의 당부(當否)를 판사에게 판단 받는 것이다. 법원은 객관적 입장에서 자료를 요구하나, 일반인이 볼 때 지나치게 형식적이고 일정 수준 이상의 부담을 주는 경향도 없지 않다. 또한 변호사가 이 영역을 담당하고 있으므로 일반인의 접근이 어려운 실정이다.

이러한 상황을 고려해서 전문가가 아니더라도 좀 더 쉬운 소송, 좀 더 편한 소송을 준비하기 위해 다음과 같이 실험해 보았다.

① 소장의 고정적 개념의 타파와 작성의 편리성 제고
  - 소송을 경험해 본 사람은 소장을 어떻게 작성하는지 알 것이나

그 소장은 일정한 양식이 있으며 그 형식에 따라 요건을 갖추어 기재해야 한다.

- 각종 소송교재나 안내서를 보면 소장의 기본 형식이 고정화 되어있고, 그 기재 순서와 기재 내용이 정형화되어 있다. 법원에 비치된 견본도 정형화되어 있다. 소장은 일정한 소액사건을 제외하고 꼭 서면으로만 작성하도록 한 것이나, 그 방식을 고정화 정형화시키려는 것은 법원의 편의적 업무행태라 할 것이다.
- 그러므로 다음과 같이 고정 형식을 피하고 편이한 서술형 소장을 제출(우편)하여 그 처리 과정을 살펴본 바 있으며 그 결과는 다음과 같았다.

소장

서울중앙지법 2020가소152799 대여금 2020.12.07 제출 원본과 상위 없음

저는 귀원에 소송을 청구하는 사람으로서, 저의 이름은 ㅇㅇㅇ (ㅇㅇㅇㅇ ㅇㅇㅇㅇㅇ)이고 서울 서초구 서초대로51길 16, 201호(서초동, 서진빌딩)에 살고 있으며 제가 빌려준 돈을 받아야 할 사람 ㅇㅇ (ㅇㅇㅇㅇ ㅇㅇㅇㅇ)는 서울 동작구 동작대로29길 119, ㅇㅇㅇ(사당동, 극동아파트)에 살고 있습니다.

저는 위 ㅇㅇㅇ에게 2019. 12. 12.에 금 일백만원을 빌려주면서 3개월 이내에 갚으라고 하였으나 그 기한 내에 갚지 않아 수차 독촉을 하였을 하였음에도 지금까지 갚지 않고 있습니다.

그리하여 저는 할 수 없이 법원의 판결문을 받아 강제집행을 통해 채무변제를 받기 위해 소송을 제기하기로 마음 먹었습니다.

그러하오니 귀 법원에서 위 ㅇㅇㅇ가 저에게 빌려간 돈 일백만원을 지급하고 소송비용도 부담하라는 판결을 하여주시기 바랍니다

제가 위 ㅇㅇㅇ에게 받은 차용증과 지불각서를 붙여 저의 주장을 증명하고자합니다.

첨부
1. 차용증 사본 1부
2. 지불각서 사본 1부

2020. 12. 3.

청구인 ㅇㅇㅇ (인)

서울중앙지방법원 귀중

소장 견본

접 수 인	

소　　　장

사 건 번 호	
배당순위번호	
담　　　당	제　　　　　　단독

사 건 명
원　고　　(이름)　　　　(주민등록번호　　　-　　　)
　　　　　(주소)　　　　　　　　　　　　　(연락처)
1. 피　고　(이름)　　　　(주민등록번호　　　-　　　)
　　　　　(주소)　　　　　　　　　　　　　(연락처)
2. 피　고　(이름)　　　　(주민등록번호　　　-　　　)
　　　　　(주소)　　　　　　　　　　　　　(연락처)

소송목적의 값	원	인지	원
(인지첩부란)			

청 구 취 지

1. (예시)피고는 원고에게 55,000,000원 및 이에 대하여 소장부본 송달 다음 날부터 다 갚는 날까지 연 12%의 비율로 계산한 돈을 지급하라.
2. 소송비용은 피고가 부담한다.
3. 제1항은 가집행할 수 있다.
라는 판결을 구함.

청 구 원 인

1.

2.
3.

입 증 방 법

1. 계약서
2.

첨 부 서 류

1. 위 입증서류　　각 1통
1. 소장부본　　　　1부
1. 송달료납부서　　1부

20 .   .   .

위 원고　○○○　(서명 또는 날인)

휴대전화를 통한 정보수신 신청

위 사건에 관한 재판기일의 지정·변경·취소 및 문건접수 사실을 예납의무자가 납부한 송달료 잔액 범위 내에서 아래 휴대전화를 통하여 알려주실 것을 신청합니다.

■ 휴대전화 번호 :

20 .   .   .

신청인 원고　　　　　　　(서명 또는 날인)

※ 종이기록사건에서 위에서 신청한 정보가 법원재판사무시스템에 입력되는 당일 문자메시지로 발송됩니다(전자기록사건은 전자소송홈페이지에서 전자소송 동의 후 알림서비스를 신청할 수 있음).
※ 문자메시지 서비스 이용금액은 메시지 1건당 17원씩 납부된 송달료에서 지급됩니다(송달료가 부족하면 문자메시지가 발송되지 않습니다.).
※ 추후 서비스 대상 정보, 이용금액 등이 변동될 수 있습니다.
※ 휴대전화를 통한 문자메시지는 원칙적으로 법적인 효력이 없으니 참고자료로만 활용하시기 바랍니다.

○○ 지방법원 귀중

◇유의사항◇

1. 연락처란에는 언제든지 연락 가능한 전화번호나 휴대전화번호, 그 밖에 팩스번호·이메일 주소 등이 있으면 함께 기재하여 주시기 바랍니다. 피고의 연락처는 확인이 가능한 경우에 기재하면 됩니다.
2. 첨부할 인지가 많은 경우에는 뒷면을 활용하시기 바랍니다.

보정명령

서 울 중 앙 지 방 법 원

보 정 명 령

사 건 2020가소152799 대여금
[원고 :   / 피고 :   ]

원고
이 명령을 송달받은 날부터 7일 안에 다음사항을 보정하시기 바랍니다.

보정할 사항

1. 소장의 청구취지를 기재함에 있어서는 청구가 인용되는 경우 이를 판결의 주문으로 그대로 옮겨 적을 수 있을 만큼 정확하여야 합니다. 소장 양식의 기재 례에 맞게 다시 작성하고 청구취지를 명확히 하여 청구취지변경신청서를 제출하시기 바랍니다.

2020. 12. 21.

법원주사

◇ 유 의 사 항 ◇

1. 이 사건에 관하여 제출하는 서면에는 사건번호를 기재하시기 바랍니다.
2. 이 보정명령은 재판장의 명에 따른 것으로 위 기한 안에 보정하지 아니하면 소장이 각하될 수 있습니다(민사소송법 제254조 제2항).

보정명령에 대한 이의

2020가소152799 대여금

원고 ○ ○ ○

피고 ○ ○ ○

위 사건에 관하여 귀원의 보정명령을 받고 이의를 제기합니다.

원고는 소장기재를 통하여 청구취지를 이미 기재하였습니다.

원고의 소장기재 중 "○ ○ ○가 저에게 빌려준 돈 일백만 원을 지급하고 소송 비용도 부담하라"라는 기재는 청구취지로 보기에 충분하고 다만 원고에게 지급하라는 기재가 누락 되었다 해도 위 기재만으로 청구취지가 부정된다고 보기는 어렵습니다.

위 기재가 "피고는 원고에게 금일백만 원을 지급하라. 소송비용은 피고가 부담한다."라는 법원의 주문내용을 얻는데 부족하거나 불가한 것인지 의문입니다.

청구 취지의 기재를 그대로 주문에 적을 수 있을 만큼 정확하여야 한다는 것이나, 소장기재의 청구 취지가 그대로 주문이 된다고 하기 보다는 청구 취지

중 인용 부분이 주문이 되는 것이기에 굳이 같아야 된다는 것은 아니라고 할 것입니다.

2. 소장 양식의 기재례에 맞게 작성하여 달라는 요구에 대하여

- 민사소송법 제249조에 의하면 "소장에는 당사자와 법정대리인 청구 취지와 청구원인을 적어야 한다"라고 규정되어 있어 특정 양식에 맞추어 기재 할 것을 요구하지 않고 있고, 설사 법원에 소정양식이 있고 그 기재례가 있다 해도 당사자의 편의를 위한 서비스일지는 모르나 그 양식을 사용하지 않거나 기재례를 적용치 않았다 하여 위법하다 할 수 없다면 보정명령을 할 것까지는 아니라고 할 것입니다.

3. 청구 취지 변경신청을 하라는 것에 대하여

- 원고는 양식에 의한 기재를 아니 하였다 해도 제출한 소장에 청구 취지를 이미 기재하였기에 달리 청구 취지를 변경할 필요가 없습니다.

2020. 12. 29.

원고 ○ ○ ○

서울중앙지방법원 귀중

☞ **진행 과정 및 결과:**

　법원에서 소장으로 접수되었으며 청구 취지를 위와 같이 보정 하라는 명령을 받고 이의를 하였더니 이의가 수용되어 소송이 진행되었고, 피고가 답변서를 제출하지 않아 무변론 원고 승소 판결로 종결되었다.

* 법원에서는 불필요한 보정명령을 한 것이고 좋게 보면 청구 취지를 명확히 하려는 배려라고 볼 수 있을 것이다.

* 결과적으로 위와 같은 서술형 소장으로도 소송은 할 수 있으며 원고가 바라는 소기의 성과를 얻었으나 이는 소송을 처음부터 어렵게만 생각하지 말고 쉽게 접근하자는 의도로 실험적 과정을 보여드린 것이며 적극적인 활용을 하자는 것은 아님을 밝혀둔다.

* 앞으로는 엄격한 요시성을 강조하는 서면제소 위주에서 간편한 무답식 또는 보충기재식 제소 위주로 대 전환이 필요하며 전자소송 시대(플랫폼)에 걸 맞는 무지면 시대(無紙面時代)를 대비해야 할 것이다.

* 현재의 민사소송은 당사자주의, 변론주의 원칙이 적용되기에 법원

은 철저하다 할 정도의 객관적 입장에서 소송을 이끌어 가지만 지나치면 권리 보호 및 구제를 방임하는 것이 될 수도 있으므로, 그 선한 지도력을 발휘할 필요에 따라 다소 사회적 소송관을 도입하여 당사자의 무지와 무능력을 보호할 의무가 요구된다 할 것이다. 그렇다면 당사자는 문제의 제기(제소)로 족하고 법원에서 반 직권적으로 소송을 관리하는 적극적 자세가 필요하다는 것이 이 시대 사법의 새로운 트렌드가 아닐까 한다. 즉 법원이 더 적극적으로 권리보호자가 되어야 할 것이다 (요건 부족, 보정 기간 도과 등으로 성급한 각하는 없어야 할 것이다).

② 각종 이의의 형식 및 내용의 부드러움을

일반적으로 재판에 관한 절차나 재판결과에 대하여 그 부당함이나 위법을 이유로 이의(再考)를 제기할 수 있는 규정(기회)이 절차과정이나 심급마다 있는데, 이의 신청·항고·상소(항소·상고) 등이다.

그런데 그 이의제기의 형식과 내용을 형식화·고정화하여 보통사람이 감당하기에는 벅차고 실수가 쉽게 용납되지 않아 어려운 일을 당하는 것이 현실이다. 그런 의미에서 법원이 '이의'라는 기본적인 의미를 살리면서 접근이 쉬운 길을 열어주었으면 하는 생각을 하면서 다음과 같이 시도하였다. 이에 더하여 소송과정에서 절차상 문제가 있으면 그 이의를 제기하는 법률적 용어가 있다 해도 제시한 내용이 총체적으로 이의가 분명하고 그 시기를 놓치지 않았다면 '이의'로 접수해 처리하는 것이 합당하다는 생각으로 시도하였다.

한고장 표지 및 결정사항

한 고 장

2020가단13890
원고
피고 주식회사 세한상호시용금고

21376

서울중앙지밥법원

한(限) 고 장

2020가단13890 근저당권설정등기 말소
원고 오
피고 주식회사 새한상호신용금고

원고는 귀원에서 2020.06.10.자 소장각하명령에 대하여 불복하고 다음과 같이 이의를 제기합니다.

◎ 신 청 취 지

소장 각하 명령을 취소하거나 그 정당성을 밝히라.

◎ 신 청 이 유

1. 귀원의 처분은 지극히 정당하되 지극히 인간답지 못한 재판입니다.

- 귀원의 보정명령을 2020.06.02.송달받고 보정기한이 하루 늦은 같은 달 10. 보정서를 제출하였으나 같은 날 보정서 미제출을 이유로 소장 각하명령을 하였습니다.

- 법원의 홈페이지를 통한 사건검색을 해 보면 보정서 제출과 소장 각하 명령이 같은 날(06.10일)로 등재되어 있으나 분명히 보정서가 먼저 등재되어 있습니다.

- 그렇다면 보정서가 이미 제출되어 있음을 인지하고서도 기한 도과를 기다렸다는 듯이 소장 각하명령을 한 것으로 보입니다.

- 보정기한은 판사의 재량으로 정하고 절대적인 기한이 아니어서 기한이 도과하였더라도 보정이 되었다면 보정을 인정하는 것이 일반적인 사정이고, 보정기한을 최소한 2 - 3일, 최대한 5 - 7일 정도는 기다려주는 것이 통례로 되어 있다는 것이 지금까지 경험으로 보아 법조인은 물론 경험 있는 당사자는 모두 알고 있는 현실입니다.

- 1 -

- 귀원의 이건 처분은 당사자의 입장을 전혀 배려하지 못한 것으로서 식빕함을 내세울 수는 있으나, 인간적 재판이 아닌 기계적 재판이란 비난을 면하기 어렵습니다.

- 원고는 귀원의 이번 처분으로 인해 다시 소를 제기해야 하고 정신적 물질적 손해를 입게 되었으며, 법관의 업무처리의 엄정함을 알게 된 이면에 법관의 인간성 부족과 기계적인 사고를 알게 되었습니다.

- 법관들이 변호사 선임사건과 비 선임사건을 구별하여 처리한다는 풍문은 상식으로 자리하고 있지만, 만일 이 사건이 변호사선임사건이라면 같은 처분을 하였을 것인지 묻고 싶습니다.

- 보정기한이 단 하루가 지났을 뿐이고 보정서가 이미 제출되었음에도 진혀 고려 없이 기한 도과를 기다렸다는 듯이 매정하게 소장 각하명령을 하는 판사의 심정은 쉽게 이해 할 수 있는지 법조광장에 나서서 물어보아야 알 수 있을까요?

- 소송을 제기하면서 좋은 판사를 만나기를 소원하고 좋은 판사를 만나는 것도 행운이라고 하더니, 저는 행운이 없었던 것 같고 재판기계를 만나는 쉽지 않는 경험을 한 것 같습니다.

- 과거 군사독재 시대에 권력에 굴종하고 시류에 편승하던 판사들은 자신의 안위와 영달을 위해 그랬을 것이라고 조금이나마 봐 줄 수 있다지만, 이 경우는 어떤 이유와 명분을 찾을 수 있을까요?

2. 재판은 단순히 판단만이 아닌 숭엄한 인간적 성찰입니다.

- 판사의 재판은 단순히 법률적, 기계적 재단이기보다는 인간적인 재단으로서 사회정의와 균형과 보편적 상식의 확립을 위해 정해진 규범뿐만 아니라 인간적 도리를 따라 판사의 양심으로 한다지만 결국 인간의 존엄과 가치를 구현해 나가는 것이어야 하고, 당사자의 입장(기대)을 정중히 살펴야 하는 고뇌의 산물이 되어야 합니다. 재판을 순진하게 단순한 판단으로 알지만 숭엄한 인간적 성찰이어야 합니다.

- 이번은 실수라고 넘어 갈 수 있을지 모릅니다. 그러나 이후 기계적 편의적 재단이 아니라 엄숙한 인간적 재단을 위해 각별히 고민하여 주시기를 간절히 부탁드립니다.

- 원칙을 말하고 적법성을 말하기는 누구나 쉬우나 원칙의 위험성이나 적법성의 불편을 전혀 성찰하지 못하는 판사라면 법원이나 당사자가 안심하고 재판을 맡길 수 있는가요?

- 판사의 고매한 인격이나 뛰어난 능력을 요구하는 것은 지나친 사치이고, 그저 재판을 통하여 예상치 못한 상처를 입히지 않을 정도의 보통의 인간성을 지니면서도 당사자의 입장을 조금이라도 배려하는 마음가짐을 지녀 줄 것을 요구해도 되는 것이 아닌 가요?

- 이건의 처리로 분노하기보다는 무던히도 아쉬운 마음이!!!!!?, 판사를 탓하기보다 내가 평소 신뢰하였고 지금도 애정으로 지켜보는 법원이라는 조직에 대한 불신이 더욱 깊어가는 것이 마음 아픕니다.

2020. 06. 19.

원고

서울중앙지방법원 (민사85단독)   귀 중

* 처리결과: 법원에서 재도의 고안을 통해 원래의 결정을 취소하였다.

서울중앙지방법원 결정문

서 울 중 앙 지 방 법 원

결 정

사 건   2020가단13890 근저당설정등기 말소 청구의 소
원 고   ○ ○ ○
         서울 강남구 영동대로 210, 1-403
피 고   주식회사 새한상호신용금고
         서울 종로구 창신동 562
         대표자 청산인 ○ ○ ○

주 문

이 법원이 이 사건에 관하여 2020. 06. 10.에 한 소장각하명령을 취소한다.

이 유

재도의 고안으로 이 사건 소장각하명령을 취소하기로 하여 주문과 같이 결정한다.

2020. 06. 22.

판 사 ○ ○ ○

* 의견: 판사가 재도고안(再度考案: 판사의 결정이나 명령에 대하여 항고(이의)하는 경우 이유가 인정되면 스스로 고치는 것)을 하는 것은 결코 쉬운 일은 아닐 것이다. 지난 40년 법조계 경험에 비추어 '재도고안'이 현실화되는 것을 보지 못해서 이 사례는 그 희소성이 크다 하겠다. 판사 스스로가 잘못을 인정해야 하는 것 등 여러 이유가 있을 것이다.

* 위 이의신청을 특별하게 한고장(限告狀)으로 한 것은 판사가 보정기한 1일을 경과 하였다 하여 소장을 각하한 것에 대한 항의의 뜻으로 '한(限)'자를 붙여 이의를 제기한 것이다.

* 위 한고장을 정상적인 명칭인 항고장(抗告壯)하고 하루의 기한을 초과하였다 하여 소장을 각하함은 부당하다는 이유를 들었다면 평소의 경향으로 보아 이유 없다는 의견(위법하지는 않음으로)으로 항고법원으로 보냈을 것이고, 항고법원도 원 결정을 인정해 항고장을 기각하였을 것이 거의 틀림없다는 나의 생각이 틀리기를 바라면서, 위 사례는 판사의 무관용(무배려)을 탓하여 경각심을 촉발한 결과이나 그 정도가 심하였다는 후회를 하고 있음을 솔직히 밝히며 각종 이의방식은 그 제목이 문제가 아니라 그 내용이 중요하다는 것을 알리기 위한 것이다.

③ 판사의 재판 진행절차나 심리 태도에 대한 즉시 이의제기 감행

소송을 하다 보면 도저히 이해 안 되는 절차 진행이나 불량한 심리태도를 보게 되는데 일반적으로 그 절차가 종료되어야 이의(상소)를 하게 되고 심리 중에는 감히 그 태도를 탓하기는 쉽지 않은 것은 주지의 현실이다.

그러나 시기를 놓칠 수 있고, 당장 고치지 않으면 현저한 손해 또는 돌이키기 어려운 손해가 발생 할 우려가 있는 경우, 즉시 시정하여 바로 잡을 필요가 있다면 판사에 대하여 직접적으로 그 시정을 요구하는 것을 인정하여야 한다는 것이 평소 나의 생각이었으며 이는 판사에 대한 비난이나 저항이기보다는 위법 부당의 즉시시정을 통한 소송경제와 재판의 신속성 확보 차원으로서 다음과 같은 시도를 하여 보았다.

권고서면

권고(勸告)서면

수신인 : 수원지방법원 평택지원 민사 제4단독 판사
  경기도 평택시 평남로 1036(동삭동)

본인은 귀원 2020가단61148 손해배상청구사건(이하 본건이라 함)에 관하여 2020.09.10.자 답변서를 피고의 의뢰를 받아 귀원에 제출했던 사람(법무사)로서 다음과 같이 판사님(이하 귀원이라 함)에게 권고서면을 드립니다.

1. 귀원은 본건 재판진행을 대단히 신속하게 진행하였으나 대단히 잘못하고 있습니다.

- 본 건은 원고의 사업소(미용실)에서 일하던 피고가 약정(자유직업소득계약)을 위반하였다 하여 그 손해배상을 청구하는 것으로서, 다툼의 여지가 충분히 예상되는 것이기에 피고의 답변 없이 무변론선고를 하기는 매우 부적절한 사안임에도, 피고에게 소장부본송달(2020.08.04.) 3일만에 무변론선고결정(같은달 7,)을 하고, 당일 피고에게 무변론선고기일통지를 하여 피고는 같은 달 12.에 그 통지서를 받았습니다.

- 귀원이 아시는 바와 같이 담당사건의 무변론선고를 함에는 민사소송법 제257조 제1. 2항의 조건을 갖출 때에 가능하고, 피고에게 소장부본을 송달 할 때 예고적으로 무변론선고기일을 통지 할 수 있습니다.(동법 제3항)

- 그러나 귀원이 본건을 처리함에 있어 위 법 소정(제1.2.항)의 조건이 갖추어 진 경우에 무변론선고결정을 하고 무변론선고기일을 정하여 당사자에게 통지를 함이 상당함에도 답변서제출기한전에 무변론결정을 하고, 더불어 예고적통지를 하려 해도 소장의 내용을 살펴보아 원고의 주장이 법리에 합당하고 충분한 입증이 되는 경우에 하는 것이 타당하며, 그 통지도 소장부본송달과 동시에 하여야 함에도 각각 따로 하는 등, 본 건의

소가 무변론선고결정을 하기에는 매우 부적절한 손해배상청구 사건임을 간과하면서 그 절차도 위반하였습니다. 더군다나 무변론선고는 피고가 제1심에서 다툴기회를 잃어 그 파장이 적지 않다는 점에서 신중한 결정을 하여야함에도 그러한점이 부족합니다.

- 일반적으로 민사상의 손해배상청구사건은 사실관계와 법리다툼이 예상되고, 특히 손해액확정의 객관성이 요구되는 것으로서 피고의 답변 없이 원고의 일방적 주장을 그대로 인용하기는 매우 위험하며, 본건의 원고 주장과 제출된 입증자료를 일견하여 그렇게 하기는 무리가 있는 사건임을 쉽게 알 수 있는 사안입니다.

2. 제1차 변론기일에서 귀원이 당사자(피고)에 대하여 한 태도는 매우 부적절하였습니다.

- 귀원은 변론 당일 피고에게 " 이것 누가 썼어요?, 이것 뭘 보라고 낸 거예요?" 하며 피고가 제출한 답변서에 대하여 그 내용을 확인하거나 심리상 필요한 질의를 하는 것이 아니라, 답변서의 작성자를 밝히려 하였고 답변서에 첨부한 서류에 대해 엉뚱한 시비를 하였습니다.(답변서의 작성자를 알아야 할 이유가 있으며, 첨부한 서류는 누구 보라고 제출한지 모르는 것입니까?) 더하여 그렇게 물은 의도가 피고의 답변이 법리부족 또는 내용부실이며 첨부서류가 원고와 중복되어 불필요하다해도 귀원의 내심에 그쳐야지, 그런 언행은 설사 피고를 위해서하는 것일지라도 정도를 벗어난 것이며 답변서를 작성한 본인이 그 말을 전해듣고 느끼는 심정은 불쾌하기 그지 없습니다.(피고가 퇴정 직후 본인에게 약20여분간의 성토 및 항의를 하여서 그런사정을 알았으며 언급하기 싫을 정도의 수치를 느꼈고 그 답변서를 만천하에 公개하여 판단을 받고싶었습니다.)

- 피고는 소송을 처음 당하는 일이라 본인이 감당할 수 없어 변호사에게 맡겨 보려 하였으나, 피고의 형편상 부담스러운 선임료(수임료 500만원 성공보수 500만원)을 요구하여 부득이 보수가 저렴한 법무사에게 의뢰하여 답변서를 제출한 것입니다.

- 2 -

- 법무사는 나름대로 답변서를 작성하여 내면서 피고는 경업금지대상자
(영업양도)가 아니고, 원고업소의 고용원임을 주장하면서 그 거증을 위
해 원고가 입증자료(갑제9호증)로 제출한 부분 중 피고 해당분에 기표(체
크)를 하여 제출하면서 답변서에 그 사항(준용의견)을 기술하였을 뿐입니
다.

- 만일 피고가 귀원의 질문 끝에 "재판장께서 본건을 심리함에 있어 피
고의 답변서를 누가 작성하였는지를 알 필요가 있으며, 피고가 제출
한 소송자료를 누구에게 보라고 한 것인지 확인해야 하는 그 이유와
근거를 제시 할 수 있습니까?" 하고 묻는다면 귀원은 대답할 준비가
되었는지 알고 싶습니다.

- 귀원의 그 태도는 당사자의 소송능력의 부족을 탓하는 정도를 넘어 당
사자를 무시하는 것이며, 판사로서 심리규범과 법정윤리에 어긋나는 행
위라 할 것이고, 더욱이 재판정은 공개된 장소이고 반대당사자가 있는
자리인데 그와 같은 말을 들은 피고가 얼마나 당황해 할 것이며 더하여
심한 모욕감을 느낄 수도 있음을 전혀 모르고 한 것입니까?

- 그 날 피고는 너무 당황하여 순간적으로 심한 충격을 받았고 그 말을
듣는 순간 이후 제대로 정신을 차릴 수 없어 귀원이 하는 말을 도무지
알 수 없었다 하며, 다시는 법정에 출석할 엄두가 나지 않았기에 밤잠
을 설치는 고민을 하다가 가족과 상의하여 어쩔 수없이 변호사를 선임
하여 본 건에 대응하기로 하였으니 피고는 더 이상 귀원을 볼 일이 없
어졌습니다.

3. 법정에서 재판장의 언행과 태도가 당사자에게 주는 영향은 실
로 대단합니다.

- 재판장은 중립적인 위치에서 편견을 버리고 양 당사자를 공평히 대해
야 할 것이며, 특히 당사자의 변론미숙(법률무지)을 탓하거나 일방에 대

한 두둔이나 선입견을 들어내며 재판결과에 대한 예단적 발언은 삼가해
야 하는 것은 거론할 여지가 없다 할 것인데 귀원이 엉뚱한 질문을 하면
서 피고를 당황케 하고 법정출석을 두려워하게 함은 물론 반대당사자에
게 예단을 주는 언행은 무슨 의도이며 재판상 어떤 필요가 있습니까?

- 법정에서 당사자는 재판장의 한마디 한마디를 놓칠 수 없고 재판장의
태도에 매우 민감하게 반응하는 것은 누구도 아는 사실이며, 더하여
재판장의 인품과 능력도 법대에서 간파(평가)된다는 사실도 잘 알 터
인데, 귀원의 이번 태도는 피고뿐만 아니라 방청자 모두에게 매우 실
망을 주고 황당하게까지 하였음을 알아야 합니다.

- 만일 변호사가 똑같은 행위(답변)를 하였다면 그렇게 하였을지 궁금하
고 귀원의 이번의 태도가 처음이길 바라면서, 그런 언행이나 행동이
귀원은 가볍게 생각할지 모르나 당사자에게는 매우 심각하고 민감하다
는 것과, 작은 실수라도 그 반향이 크다는 것을 차제에 자각하였으면
좋겠고, **법대 위는 감시의 눈이 없었겠으나 법대 아래는 감시의 눈보
다 더한 감독의 눈이 있음을 알았으면 합니다.**

4. 권고의 말씀

- 당사자의 분쟁을 재단해야 할 재판장은 중립적인 입장에 있어야 함으
로 당사자를 대함에 그 차별을 두거나 변론능력이 부족하다 하여 무시
하는 것은 있을 수 없으며, 공정한 재판이 되도록 소송지휘를 하야 하
는 것이 본분이라 할 것이고, 더욱이 당사자의 일방이 변호사가 대리
하고 있고 반대당사자는 대리인이 없는 경우에 그 대우에 신중하여야
하는데, 그 이유는 상대적 수행능력의 차이가 있음에도 동등하게 대우
하라는 것이 아니고 그 능력을 있는 그대로 인정하면서 성의 있는 배
려를 통하여 소송을 원만히 수행하도록 인도하는 것이 필요합니다. 왜
냐하면 소송을 하는 사람이 사전에 경험하고 하는 경우는 별로 없고
대개 초험자이며 사정상 법률전문가의 조력을 다 받기어려운 사정을
고려하여 더욱 재판장의 배려와 지휘가 법이 허용하는 범위내서 필요

하기 때문입니다.

- 물론 가르쳐 가면서 재판을 할 수는 없지만 적절한 석명권 행사와 보충질의를 통하여 공평하고 신속한 재판이 이루워 지도록 지휘해야 할 임무가 재판장에게 있다 할 것입니다.

- 당사자가 소송 중 재판장에게 기대하는 것은 법과 양심에 따른 공정한 재판뿐만 아니라, 법정에서 차별없는 대우이고 재판에 임하는 성실성과 진정성도 있음을 알아야 합니다

- 재판은 단순한 재단만이 아니고 숭엄한 인간적 성찰도 따른다고 하면 지나치다 할 수 있으나, 재판장의 낮은 품격과 불손한 언행은 본인의 문제이기 전에 사법부의 신뢰까지도 문제가 된다는 것은 잘 아실 것이라 믿습니다.

- 귀원의 앞날이 있는 만큼 이번을 계기로 깊이 성찰하시어 판사로서 품위를 지켜주시기 바라며, 본인은 법원생활 30년의 법원가족이 였던 사람으로서 법원에 대한 애정과 신뢰를 갖고 낮은 충정에서 감히 이서면을 드립니다.

- 덧붙여 본 건은 피고의 항변에 취택할 이유가 충분함을 말씀드리고 이제 전문대리인이 나섰기에 안심은 되면서도 부족한 답변을 드렸던 사람으로서 피고의 사정을 깊이 살펴주시기를 바랍니다.
-
-
            2020. 11. 27.

  법무사 이 쌍 수
    서초구 서초대로51길 16, 201호(서초동. 서진빌딩)
    전화 : 532-0273

* **처리과정**: 담당직원이 먼저 보고 차마 판사에게 전하기 곤란하였든지 기록에 철하여 두었기에 항의하여 판사에게 전달하게 함

* **의견**: 이 사례는 있을 수 있고 그 필요성은 있으나 일반화 하여 상용수단으로 권할 마음은 솔직히 없다. 현저한 사실(사정)이 긴급하고 회복하기 어려운 위험이 있을 때만 인정하는 특별한 변통수단 정도의 제한적이어야 한다는 생각임을 미리 밝혀둔다. 그 이유는 소송하는 사람이나 재판하는 사람이 서로 존중하고 배려하여 격조 있는 법정분위기유지가 바람직하기 때문이다.

* **제안주문**: 지금까지 법원은 낯설며 까다로운 관청으로 여겨지고, 법률전문가가 아닌 일반인(법률 문외한)이 출입하기에 어려운 곳으로 거리감이 있는 기관이다. 그러나 업무의 성격(수동적 업무)상 친절한 기관으로까지는 기대하기 어렵다 해도 부드럽고 자상한 기관으로 변화되기를 간절히 바란다.

④ 고소·고발상 작성의 편리함을

　우리나라는 고소·고발이 매우 심한 나라이고, 법을 모르는 사람이 주로 쓰는 수단이기보다는 법을 좀 안다는 사람들이 쓰는 것이다. 심지어는 정치인들이나 재벌들도 자주 쓰는 유행성 수단(수사단서)이기도 하다 할 것이다.

　그러나 막상 고소장이나 고발장을 쓰려면 쉽지 않고 망설여지며

어떻게 써야 제대로 쓰는 것인지 선뜻 머리에 떠오르지 않는 것이 일반적인 사정일 것이다. 고소, 고발장은 상대방의 정확한 표시(성명·주소·연락방법 등)와 고소·고발 취지와 그 이유 등을 기재하고 그 소명 자료를 첨부해야 하는데 아주 편한 서간문 스타일로 형식에 구애 없이 쓰는 요령을 다음과 같이 예를 들겠다.

☞ **예시**(다소 풍자적이고 해학적임을 양해해주시길 바란다.)

고 소 장

고 소 인 ○ ○ ○ - 주소(전화)

피고소인 ○ ○ ○ - 주소(전화)

고소인은 돈벌이 잘 되는 "주식회사 테스"가 사실은 본인 것이나, 타인의 명의를 빌려 남의 것인 양 하였기에 그것이 들통 날까 봐 000출마를 망설이고 있는 중, 000검사가 내 속을 뻔히 알면서도 그 회사는 당신 것이 아닌 것으로 해줄 터이니 걱정하지 말라고 해서 그 말만 믿고 출마하여 000이 되었으나 결국 들통 나 갖고 있던 재산을 다 잃고 감옥까지 갔습니다. 이는 검사가 고소인에게 피해를 주려고 거짓말을 하였으며 그 말에 속아 고소인이 당한 것이기에 000검사를 사기죄로 엄히 처벌하여 주시기 바랍니다.

2020. 12. 23.

고소인 ○ ○ ○

서조경찰서 귀중

고 발 장

고 발 인 ○ ○ ○ - 주소(전화)

피고발인 ○ ○ ○ - 주소(전화)

고발인이 현 나라 돌아가는 상항을 살펴보니 코로나19 사태 극복이 최우선 과제임에도 이를 소홀함은 물론 서민경제가 거덜나고 부동산 가격은 폭등하여 국민이 도탄에 빠져 있음에도 그 대책 없이 권력기관 개혁에만 몰두하는 제1 다수 000민주당의 독선과 무능은 더 이상 봐 줄 수 없기에 국민의 한 사람으로서 그 책임자되는 피고발인을 고발하오니 수사기관에서 철저히 조사하여 엄히 처벌하여 주시기 바랍니다.

2021. 01. 04.

고발인 ○ ○ ○

영 등 포 경 찰 서 귀 중

* 위 고발장은 실제로 제출하기 어려운 것이, 수사기관에서는 일하는 생색이 나지 않고 실속 없는 일은 반기지도 않으며, 고발인의 입장보다는 피고발자의 눈치를 보는 사례가 허다할 뿐만 아니라 더욱이 권력 있고 돈 있는 사람은 건드리기 싫어하는 수사기관의 속성상 원하는 결과가 난망해서다. 공소권을 가진 검찰이 힘 있는 자에 대해서는 눈치를 보는 견찰(見察)이 되고 힘없는 자에 대해서는 그대로 검찰 노릇을 한다는 것이 틀리지 않다고 보면 그렇다. 더하여 고발인의 주변 사람들이 고발의 취지는 십분이해하나 헛수고가 될 것이라고 만류하지나 않을까 싶다.

* 위 고발장은 고발장작성에 대한 편이성을 알리기 위해 예시적으로 기재한 것이고 실제로는 구체적 실체가 없는 막연한 내용이나 범죄의 구성요건을 갖추지 않는 사실의 고소는 수사의 단서가 되지 못하기에 고소장의 작성에 주의할 필요가 있다.

* 고소는 피해자 본인이 가해자를 수사기관에 그 처벌을 요청하는 것이다. 고발은 제3자가 위법한 행위를 하는 자를 수사기관에 그 처벌을 요청하는 것이다. 그 자격이 다르나 명칭이 바뀌거나 틀렸다 하여 문제가 되는 것은 아니다. 기재 내용이 부족하거나 제출 관할이 다르다 하여 접수가 거부되는 것은 아니다. 그러기에 손편지 쓰듯이 가벼운 마음으로 작성하여 직접 또는 우편으로 제출하면 된다.

좀 더 욕심을 낸다면 고소 고발내용을 '육하원칙(六何原則: 누가·언제·어디서·무엇을·왜·어떻게)'에 따라 기재하면 좋다. 물론 법률전문가의 도움을 받아 완벽한 고소·고발장을 작성하여 제출하는 것이 좋지만 할 수 있다면 스스로 해보자는 것이다. 일단 자신을 가지고 부딪쳐 보는 것이다. 고발장을 잘 쓰는 것이 문제가 아니라 위법사실이 존재하고 그 사실을 뒷받침할만한 증거가 있는 것이 중요하기 때문이다. 고소 고발을 함에 있어 주의할 것은 억하심정이나 모해하고자 거짓으로 없는 사실을 조작하는 것은 매우 위험한 소행이고 심하면 무고로 처벌받는다.

2) 제4심 법원의 설치(?)

우리나라의 국민이 가지고 있는 사법부에 대한 신뢰는 어느 정도인지는 여기서 논하지 않아도 이 책의 전반적인 내용을 보면 알 수 있을 것이다. 사람이 하는 재판의 한계를 극복하기 위하여 제4심을 꼭 설치해야 한다고 주장하면 모두 엉뚱하다 할 것이나, 한국의 사법부를 불신하고 신(神)이 재판하는 제4심에서 그 진실을 밝히겠다는 절규로 죽어간 사람(억울한 죄를 뒤집어쓴 사람, 시국사건의 사형수 등)이 적지 않고, 살아있는 사람 중에도 같은 소리를 한 사람(무고한 복역수, 진중권 교수)이 있는 것을 보면 소망의 법원이자 신뢰의 법원이며 위안의 법원으로서의 제4심은 이미 우리들의 마음 안에 설치되었다 해도 과언이 아닐 것이다. 그 방법이 무엇이며 가능성이 있는지를 알고 싶어 할 것 같아 다음과 같이 제안하며 이는 어디까지나 아름다운 상상임을 전제로 한다.

제4심 법원은 천심원(天審院)이라 하자. 그 설치장소는 하늘이며 재판관은 신(神)을 말하는 사람이 있으나 유일신(唯一神)이신 하나님이고 입회관은 예수이며 법정 경위는 천사들이다.

천심원의 재판관은 모든 것을 알고(전지전능) 계셔서 누구(변호사)의 도움이나 어떠한 비용도 필요치 않으며 세상법이 아닌 오로지 하나님의 완전한 진리로 재단하시기에 전혀 억울한 심판이 없어 누구나 승복하게 되어있다.

천심원의 심판대상(인적대상)은 재판하는 사람과 재판받는 모두를 심판하고 겉으로 드러난 것만이 아니라 드러나지 않은 것(양심)까지 심판하기에 그 존재만으로도 심리적 효과(양심유지, 정의구현)가 있다. 심판 내용(물적 대상)은 당사자의 각 주장에 대한 당부(當否)의 문제를 재단하는 것이 아니어서 치죄(治罪)나 승패(勝敗)의 문제가 아니다. 심판대 위에 올려진 행위(삶)의 가치를 찾는 하나님의 은혜이며 그 은혜는 당사자가 지닌 삶의 가치를 인정해주는 성스러운 의식이다. 그 의식은 거룩하고 영광스럽다. 그래서 그 심판은 완전한 위로이며 무한한 자유이며 영원한 축복이다.

이 몽상적인 주장에 대하여 눈치를 채셨겠지만 나는 크리스천으로서, 사람이 이 세상에서 억울한 재단을 받았을지라도 그 억울함을 하나님이 아시기에 이 세상을 떠나 하늘나라에 가면 그 억울함을 반드시 벗을 수 있다는 확신을 이 책의 보자기(장식)로 사용하고자 함을 깊이 양해하여주시기를 바란다.

심급구성표(審級構成票)

구 분	심 급	심 판 기 관
완전심 (完全審)	4심	천 심 원(天審院)
불완전심 (不完全審)	3심	대 법 원
	2심	고 등 법 원 (지방법원 항소부)
	1심	지 방 법 원 (지 원)

> 누구나 천심원의 심판을 피해 갈 수 없기에 이 책이 그 편한 길을 안내하는 데 쓰이고자 한다.

지상의 심판, 하늘의 심판

진중권 문화평론가

한국 사법의 역사를 책으로 쓴다면, 그 책의 적지 않은 부분에 피의 흔적이 보일 것이다.

군사정권 하에서 사법은 때론 합법적 폭력의 기구였고, 이 폭력에 수많은 사람들이 희생되었다. 그들의 목에 걸린 죄목도 다양하다. 반공법, 긴급조치위반, 집회 및 시위에 관한 법률, 국가보안법 위반. 이 '법'이라는 이름의 폭력 앞에서 황금 같은 시절의 한 토막을 감옥에서 날려보낸 젊은이들도 있고,

과거 반성없는 한국사법계

40년 전 박정희 장군에 의해 형장의 이슬로 사라진 '민족일보'의 조용수 사장. 그는 좌익경력을 가진 박정희 전 대통령이 미국이라는 반공주의 사제 앞에 드리는 고해성사에 희생양으로 바쳐졌다. 그때의 재판에 조작된 증거에 입각한 '사법살인'이었음을 보여주는 사실들이 속속 드러나고 있다.

그런데 이 불행한 사건의 재판에 지금 와서 그는 당시의 판결에 "문제가 있다고 보지 않는다"고 말한 것으로 기억된다. 또 다시 그런 상황이 벌어질 경우 이번에도 '똑같이 폭갈은 선고를 내릴 수 있다'는 애기일까?

물론 당시 그는 법조계의 초년생으로 판결에서 주도적 역할을 하지 못 했을 것이다. 하지만 그 판결문에 자기 서명이 들어가 있다면, 적어도 그 뿌만큼의 윤리적 책임감은 느껴야 하지 않을까. 또 당시의 그는 앞길이 창창한 청년이었고, 재판에 참여하기를 거부했다가는 그의 잠재가 끝나버릴지도 모른다. 하지만 다른 경우라면 몰라도, 이 재판의 경우는 사정이 다르다. 사람의 생명이 달려 있었기 때문이다. 남의 생명을 빼앗는 재판이었기에 지금도 논란이 되고 있는 것이다.

우리는 그가 짐짓지 못한 죄목으로 수감된 어느 인본사주를 열렬히 옹호하는 것을 보았다. '언론자유'를 내세워 국민들의 여론을 거슬리기면서까지 떨세 혐의자를 싸고 도는 것을 보았다. 이렇게 '언론의 자유'를 귀중하게 여기는 그 분이 민족 언론인 조용수에게는 왜 그렇게 이박한 판결을 내리고, 아직까지 그 판결에 문제가 없다는 것일까? 단지 언론인이라면 털세 혐의자라도 구치소에 면회갈 준비까지 되어 있는 그 분이, 왜 정작 '민족언론인'에게는 사죄와 반성의 말을 아껴두는 것일까?

내년 대선에 들어가면 이런 역사적 청산의 문제마저 정치적으로 오염되기 쉽다. 그 전에 사건에 대한 입장을 밝히고, 잘못이 있으면 겸허히 사죄하는 게 좋다. 사죄와 반성은 인격에 누가 되지 않는다. 오히려 국민들은 반성하는 정치인에게 더 큰 신뢰를 보낼 것이다. 젊은이들에게 인기를 끌려고 연세에 어울리지 않게 대중가요를 따라 배우는 것보다 '나이 드신 분들에게도 배울 것이 있다'는 것을 보여주어야 한다.

역사청산 입장 밝혀야

메멘토 모리(memento mori). 라틴어로 죽음을 기억하라는 뜻이다. 인생사 변화하나 다 부질없는 일. 권력이 아무리 달콤하나 죽음 앞에서는 무상하다.

청년 조용수에게 사형을 선고하는데 참여했던 이들까지도 이제 70을 바라보는 노년이 되었다. 생의 황혼기에 접어든 한 인간으로서 자기 때문에 억울하게 희생당했을 수도 있다는 사실이 드러났다면, 한 마디 사회의 말 정도는 남기는 것이 삶의 완성을 위해 중요하다고 본다. 지상에서 남의 생명을 죄지우지하던 심판관들도 신의 법정에서는 피고의 자리에 설 것이므로...

진중권 문화평론가의 '지상의 심판, 하늘의 심판' 칼럼

Chapter 2

제2 법정

(나 홀로 소송하실 분을 위하여)

(당사자들은 법정에서 긴장할 수밖에 없다.)

변호사가 당사자의 대리인으로 선임 되어있는 소송은 당사자가 법정에서 특별한 경우를 제외하고는 할 일이 없으나 이른바 당사자 스스로 하는 '나 홀로 소송'인 경우 모든 것을 스스로 감당해야 한다.

그런데 형사소송인 경우는 무기대등의 원칙이 적용된다고는 하지만 국가형벌권의 행사에 따른 직권주의가 공판절차 전반에 영향을 미치기 마련이다. 그러므로 법정의 무겁고 권위적인 분위기에 피고인의 입장에서는 긴장되고 주눅이 들어 제대로 자기 변호하기가 쉽지 않은 것은 경험해 보지 않아도 짐작할 수 있다.

민사소송의 경우도 당사자 중심주의, 자유변론주의 원칙이 적용되어 모든 소송자료를 당사자가 구술변론으로 법정에 현출시켜야 하므로 법률지식이 얕고 경험해 보지 않은 소송을 스스로 감당해 내기가 수월치 않다는 것은 누구나 아는 일일 것이다. 누구든 소송을 원해서 하기 보다는 다른 방도가 없기에 할 수 없이 해야 하는 것이므로, 소송비용이 들고 시간도 소비해야 하는 것이기에 그 자체가 어설프고 답답한 것은 틀림없다. 필자가 법정에서 당사자들의 소송태도를 경험한 것을 토대로 민사소송과 형사소송으로 구분하여 기술해 보면 다음과 같다.

감당하기가 싫은 소송 보다 즐기는 소송을 위하여 조언하고자 한다.

1) 민사소송

　우선 민사소송은 당사자 간의 분쟁이 있고 그 분쟁이 서로 해결이 안 되어 법정에 선 것이거나, 한편(피고)이 의무를 지켜야 함에도 그 의무를 이행하지 않기에 부득이 사법기관(집행기관)을 통해 의무를 이행시키려고 재판을 청구하여 법정에 설 수밖에 없는 경우다.
　민사소송은 형사소송과 달리 당사자들이 직접 감당하기에는 간단치가 않다. 민사법정은 솔직히 말하면 거짓말 대회장이고, 무염치의 경연장이고, 오기와 강변의 연출장소이기 때문이다. 사실이 분명하고 진실이기에 소송에서 이기는 것을 장담하고 민사법정에 섰다가 정말 황당한 경우를 당하는 수도 있다. 이를 모르고 그저 쉽게 생각하거나 진실이 승소한다는 단순 논리로 소송에 임하면 예상치 못한 위험이 도사리고 있음을 경험해 보지 않은 사람은 모를 것이다.
　"민사소송은 진행 중에 짜증 나고, 이겨도 짜증 나고, 지면 더 짜증 나고, 이겨서 집행하면서도 왕짜증이 난다"라고 말하면 경험해 본 사람은 고개를 끄덕일 것이다.
　1990년 8월 13일 자 법률신문에 서울지방법원 문 모 판사의 기고문(법조수상)에서 "재판의 패자도 억울하나 승자는 더욱 억울할 수가 있다"라고 하면서 "화해"가 억울함을 없애는 최고의 재단(해결) 수단이라고 하는 것을 보아도 민사재판은 누구도 만족시키는 재판이 아니다. 그래서 빨리 망하는 길은 도박이고 천천히 망하는 길은 재판이라는 말이 생긴 것이다. 그러하기에 필자는 평소 지인들이 소송한다고 하면 한 번 더 생각해 보고 되도록 당사자끼리 말로 해결하라고 적극적으로 권장한다.

위 경고와 달리 실은 민사재판이 대부분 쉽게 종결되는 사례가 많지만 다툴만한 사유가 있어 법정까지 온 사건들이기에 쉽게 재단이 되지는 않는다. 일반적으로 재판은 진실에 기초하여 법대로 판단되는 것으로 생각하지만 단언컨대 그렇지만은 않다. 다른 말로 진실이 승소하는 것이 아니고 변론이 승소하는 것이다. 판사가 승소시키는 것이 아니고 당사자 스스로 승소하는 것이다. 그래서 소송은 기술이고 전략이고 능력이라 할 수 있다. 민사소송의 당사자주의, 변론주의의 함정을 모르고 진실은 어디에서나 통하는 것으로 철석같이 믿고 쉽게 생각하였다 쓴맛을 보는 사례를 가끔 보았기에 이 지면을 통하여 경고의 종을 치고자 한다.

민사소송의 당사자는 보통 소송에서 이기고 지는 것으로 생각하는데 엄격히 말하면 승패의 문제가 아니라 분쟁의 법리적 해결을 도모하는 것이고, 분쟁의 균형점을 찾아보는 것이다. 또 재판 결과를 일반적으로 전부승소, 일부 승소라 하지만 다른 말로는 청구의 전부인용, 일부인용이라 하여 판사가 원고의 청구를 모두 인정하거나 일부만 인정하였다는 의미다. 그래서 재판에 이겼다 하는 말은 반대로 상대방이 졌다는 말인데, 상대편(피고)은 이기려고 상대한 것이 아니고 상대방이(원고) 소송을 걸어왔기에 응대한 것 뿐이니 지고 이기는 문제가 아니라는 말이 맞는 말일 것이다.

민도가 높은 선진국일수록 당부나 흑백을 가리는 판결로 소송의 결말이 나기보다는 당사자 간에 화해나 조정으로 결말이 더 많이 난다. 이는 법원의 판단이 최선의 결말이 아니라 당사자의 이해와 양보가 있는 화해와 조정이 더 좋은 결말이라는 인식이 있기 때문이라 한다. 그러나 우리나라는 아직 그런 수준에 이르지 못하고 있기에, 법원에서는 화해와 조정제도의 장점을 적극 홍보하고 그 활성화를 위해 나름대로 노력하고 있다. 하지만 아직은 조정제도의 이해 부족과 판결로 해결 받으려는 승패 심리가 강하여 기대하는 성과를 보지 못하는 것이다. 이에 더하여 판사들의 일부도 조정제도에 대하여 적극적이지 않다는 것이 외부에 알려지지 않은 사정이라 할 것이다.

　필자가 다년간 법원의 조정위원으로 활동해 본 경험으로도 판사가 자기 담당 사건을 조정에 회부 하는 것을 탐탁지 않게 생각하는 사람이 있다. 특히 변호사가 대리인으로 선임된 사건은 변호사가 조정을 반기지 않는 것이 일반적이어서 조정이 원활히 이루어지지 않는 것을 목격해야 했다.

　그러나 판사가 조정에 회부한 이유는 분명하고 냉정한 법리적인 판단만으로는 어느 한 편에 억울한 사정이 있을 수 있기에 당사자가 조정마당에서 조정위원의 중재를 통해 원만히 해결하도록 하는 소송상의 배려임을 이해 못 하는 것 같아 마음이 무거웠다.

　여기서 잠깐, 판사의 재판 스타일을 소개하면, 판결 위주 스타일(대체로 판사들은 사건을 당부나 흑백을 가리는 판결로 해결하려는 경향이 많으며 전형적인 업무 스타일로 자부하는 것 같음), 화해 위주 스타일(법리에 따른 엄격한 판단보다는 당사자 간에 원만한 합의가 최선의 결과로서 서로가 가벼운 마음일 수 있다는 것)과 조정 위주 스타일[서로 합의가 최선이지만 그렇지 못하는 경우 제3 자(조정 위원)가 서로의 입장을 조율하여 원고의 양보를 통한 조정으로 결말을 짓는 것이 소송의 묘미로 봄]로 나눌 수 있다.

화해 위주 스타일이나, 조정 위주 스타일은 제1심에서 소송을 종결짓는다는 점에서 소송 경제면에서나 법원 업무의 감소 차원에서 매우 권장할만한 스타일이다.

판결 위주 스타일은 불복하는 쪽에서 상소하므로 소송을 끝까지 하여 승부를 가리는 과정에서 서로 많은 시간과 비용을 투자하는 점에서 바람직하지 않다. 그 과정에서 자존심(오기) 싸움이 되는 사례도 허다하여 결국 승패를 떠나 서로 후회하는 사례가 많다. 판사들이 전에는 판결문 쓰기에 지쳐서 사건이 복잡하거나 판단이 곤란한 사건은 조정이나 화해를 시키려 하였고 재단이 쉬운 것은 판결로 하였다. 하지만 지금은 컴퓨터 시대라 판결문 쓰기가 쉽고 소위 오려붙이기식, 짜집기식, 견본 수정식 등 다양한 기교적 수단이 있기에 판결 위주 스타일을 고집해도 별문제는 없다. 하지만 너무 재주를 부리다가 엉뚱하게 변론 외 사항을 판시하거나 증거 누락, 증거오용 등의 실수도 가끔 있다는 소문이 들리기도 한다.

민사소송의 당사자들 가운데 자기가 정직하게 하는 말을 판사가 믿어주어 눈에 보이지 않는 사실이라도 또는 확실한 증거가 없음에도 판사가 자기 진심을 알아주고 믿어주어서 기대하는 판단을 해 줄 것으로 기대하는 사람이 없지 않다. 그런데 좀 심하게 말하면 판사가 신처럼 영민하여 자기 사정을 훤하게 들여다보고 진실을 찾아 제대로 판단하여 줄 것이라 믿는 것이다. 그래서 용감히 나 홀로 소송을 하고 재판 결과에 대해서는 전혀 의심을 안 하는 사람이 있는 것을 더러 보았다. 그런데 그런 사람이 기대했던 결과가 다르게 나오는 경우 담당 판사에게 갖은 원망과 분노를 표출하는 것을 가끔 보았다. 소송은 심리판단이 아니고 증거판단이다. 판사는 신이 아니라 법률전문가로서 법에 기초한 판단을 하는 보통의 사람이라는 것을 소송 전에 알아야 하는데 너무나 비범한 능력자로 보는 착오가 있는 것이 아쉬웠다. 소송은 누구나 스스로 할 수 있는 쉬운 일이 아니다. 그래서 법률전문가인 변호사가 있고 법무사가 있다는 사실과 소송하기 전에 그들과 상담하고 스스로 소송할 것인지, 아니면 전문가의 도움을 받을 것인지 결정해야 한다.

요즈음은 정보화 시대로 인터넷이나 법원 홈페이지에서 소송에 대한 기본적인 정보를 얻을 수 있다. 혹자는 이러한 정보들을 이용해서 용감히 소송해서 이길 수도 있겠으나, 현실 1년에 수백 개의 법률이 제정 또는 개정되는 법률홍수시대임을 고려할 때 법률전문가를 무시할 수 없다.

* 준비서면

민사소송의 모든 재판자료는 구술로 법정에서 변론을 통하여 얻는 것에 한정함으로 변론 전에 서면으로 변론을 준비한다 하여 당사자가 제출하는 모든 서류를 준비서면이라고 한다. 준비서면은 일반 준비서면과 요약준비서면이 있다. 원고의 소 제기에 대하여 피고가 답변하는 처음 서면을 답변서라 하며 답변서도 준비서면에 해당하는 것이다. 변론기일 개시 전에 준비서면이 서로 오가는 것을 서면공방이라 하며 재판준비형태라 할 것이다.

* 민사소송 법정록을 마치면서 한마디

민사소송은 되도록 안 하는 것이 좋으나, 결코 쉬운 것이 아니므로 소송을 한다면 철저한 준비가 필요하다. 스스로 소송을 할 경우라도 전문가의 도움(상담)을 받는 것이 필요하다.

* 민사소송에 관하여 당돌한 제안

민사소송은 공권력의 관여 없이 일방 당사자의 소 제기로 재판이 진행되는 철저한 당사자주의가 기본이기에 지금의 사건 배당 제도와 함께 당사자들의 선택 여지를 주는 당사자 재판부 지정 제도를 감히 제안하고 싶다.

사건의 편중, 재판부의 병가 노정, 재판업무의 혼란 초래 등의 문제는 예상되나 당사자가 서로 합의하거나 상대방의 지정에 동의한다면 상소 남발 방지 차원에서 충분히 고려할만한 제도로 재직 시부터 생각해 왔던 것을 제안하는 것이다.

소 제기 전 당사자 합의는 상소부제기 합의를 조건으로 할 수도 있고, 단독 관할 사건이라도 처음부터 합의부로 지정 할 수 있게 하는 등, 서로 신뢰하는 재판부에서 재판을 받게 함으로 판결 후 그 결과에 대하여 불만을 줄일 수 있다. 처음부터 재판부를 불신하는 사례를 피해 가는 방법이 될 수 있다는 면에서 제안한다.

☞ 민사소송 5계명

① 소송은 안 하는 것이 좋고 어쩔 수 없이 한다면 이겨야 하지만 이겨도 기뻐하지 마라.

민사소송은 전혀 모르는 사람끼리 하기 보다는 대개 아는 사람끼리 하는 쟁송(爭訟)이기에 뒤끝이 개운하지 않다. 이겼다고 하여 자랑하거나 즐거워하면 패배자를 비참하게 만들어 원한을 사는 수가 생기는 것은 피해야 한다.

② 소송은 판사나 변호사를 믿는 것이 아니라 자신의 준비를 믿어야 한다.

민사소송의 기본원칙인 자유변론주의는 소송자료인 사실과 증거의 수집을 전적으로 당사자에게 맡기고 그것을 변론(법정)에 제출하게 하여 재판의 자료(증거)로 삼는 것이다. 그러기에 승소하기 위해서는 선제적으로 철저한 준비가 되어있어야 유리한 변론으로 이끌어 가서 승소가 보장된다 할 것이다.

③ 소송은 진실의 힘보다 증거의 힘이 더 강하다.

소송은 변론과정에서 실체적 진실을 밝히어 그 진실에 합당한 판단을 하는 것이지만 진실을 담보하는 증거 없이는 진실에 대한 확신이 없다. 그러기에 말로만으로는 인정을 받을 수 없어 묻혀버리는 경우가 있음을 알아야 한다.

④ 소송으로 돈을 잃는 것은 적게 잃는 것이나 사람을 잃는 것은 많게 잃는 것이다.

소송은 권리 다툼이나 감정 다툼, 자존심 싸움을 동반하는 사례가 많아 소송을 겪으면서 서로 비난하고 원망하여 끝내 다시 회복할 수 없는 험악한 관계로 귀결되기 쉬움을 알아야 한다.

⑤ 소송에는 졌을지라도 인간적으로는 지지는 말아야 한다.

소송에 지는 것은 원래 지게 된 것이기에 지는 경우가 대부분이다. 질 수 없는 데 패하는 사례는 극히 적다. 소송은 권리 관계의 승부일 뿐 인생의 승부가 아니기에 패배로 인하여 크게 실망하거나 좌절할 일은 아니다. 그러나 승패에 너무 집착한 나머지 이성을 잃고 추한 모습을 보여 인간적으로도 지는 경우가 발생함을 알아야 한다.

* 민사소송에는 피고를 위한 아래와 같은 특별 법외조항(수단)이 있다.
  - **무조건 부인(否認), 무조건 부지(不知)**: 마땅한 대응수단은 없고 시간을 끌기 위해 쓰는 상투적 수단이나 피고의 최고 무기임을 인정해야 한다.
  - **지상 건의**: 인지의 누감률 제도(소가가 많을수록 인지 세율을 낮춤)의 확대 및 최고액 한정주의(최고 인지 세액을 일정액으로 한정)를 주장하며 가능하면 소송비용을 낮추기 위하여 소송상 특별 송달료의 대폭 인하를 주장한다.- 현재의 소송비용은 지나치게 부담스럽다.

☞ **소송(분쟁)을 피해 가는 10가지 생활수칙**

* 소송은 하는 것이 아니고 예방하는 것이다.

① **책임을 수반하는 말은 10초를 생각하고 말하라.**
  * 10초만 생각해도 큰 실수를 예방하고 바른 판단을 할 수 있다. 짧은 10초가 기적을 이루기도 하고 큰 실패를 부르기도 한다.

② **책임을 지우는 일은 말로만 하지 말고 흔적(증서)을 남겨라.**
  * 메시지·사진·녹음 등의 흔적이 증거가 된다.

③ 모든 문서(계약)에 훗날 분쟁의 소지를 만들지 마라.

　* 분명하지 못한 내용은 훗날 문제가 된다.

④ 계약은 가능한 대로 이해관계가 없는 제3자를 참석시켜라.

　* 보증인이 있는 계약이 확실하다.

⑤ 거절은 이유 있게 하되 예절 바르게 거절하라.

　* 들어주기 어려운 청은 적절한 이유로 거절하고 상대의 기분을 상하지 않게 거절한다.

⑥ 곤란한 일은 사전에 피하라.

　* 상대가 들어주기 곤란한 청을 해 올 것이 예상되면 미리 피하는 것이 최선이다.

⑦ 상대를 의심하기보다는 돌발적 상황변화를 예상하라.

　* 상대를 신뢰한다 해도 예상하지 못하는 돌발직인 상황(사고, 변심)이 발생하는 사례를 예상하여 대비한다.

⑧ 모든 일에 분쟁이 있을 수 있음을 상상하고 가까운 사람일수록 분명히 하라.

* 분쟁이 있을 것을 미리 알 수는 없다 해도 예상은 할 수 있다.

⑨ 모르는 사람에게 당하는 것이 아니고 아는 사람에게 당한다는 것을 알라.
　* 모르는 사람은 상대를 아예 하지 않으나 아는 사람을 상대하기에 그 아는 사람이 속이려고 들면 걸려 넘어간다.

⑩ 자신 없는 일은 전문가의 도움을 받아라.
　* 법률전문가 세무전문가 건축전문가 등의 사안별 전문가의 도움 받는 것을 주저하지 마라.

2) 형사소송(공판)

　사람이 형사피고인으로 법정에서 공판을 받는 경우는 죄를 범하여 현행법으로 잡히거나 타인으로부터 고소, 고발당하여 수사기관에서 수사를 거쳐 검사로부터 기소를 당하였기 때문이다.
　우리나라는 다른 선진국과 비교해 죄인이 구치소나 교도소에 늘 넘쳐나고(수용률 130% 정도), 수사기관은 형사사건이 많아 수사하느라 바쁘고 법원은 재판하느라 바쁘다. 사실 범죄가 많이 발생하고 다투는 사람이 많음으로 인하여 으쓱대고 살아가는 사람이 수사관이고 변호사고 검사고 판사인 것은 누구도 부인 못 할 일이다. 소위 권력기관이라 하는 몇 군데 기관 중에 사법기관인 경찰서와 검찰청, 법원을 들어가며 다들 그렇게 인정하고 있다. 그런데 나는 솔직히 권력기관이라기보다는 죄인들을 찾아 치죄(治罪)하고 관리하는 사찰기관(査察機官)이라 부르고 싶다. 그 기관은 죄를 범한 사람이나 두려워하지, 죄 없는 사람은 두려울 일이 없다. 그러하기에 어느 권력기관이 죄인에 대하여만 존재한다면 반쪽짜리 권력기관이거니 대죄인(對 罪人) 권력기관이 되는 게 아닌가 싶다.
　좀 더 솔직하게 말하자면 그 반쪽짜리 권력자들은 죄인들이 없으면 할 일이 없는 사람들이고 죄인들이 있기에 그들 앞에서 으쓱대고 힘을 과시하는 것이다. 그 힘도 법대로 원칙대로라면 사실 힘이 되지 못한다. 그들의 힘이라는 게 법이 사정(私情)에 가려지고 원칙이 무너지기에 생긴 것으로서 정당한 힘이 아니다. 불법적인 힘이라고 하면 누가 이의를 하고 나설 분이 있으려냐?

    필자도 법원에 있으면서 그 힘이라는 것을 써 본 일이 있기는 있다. 죄지은 사람이 도와 달라 하여 적은 능력이나마 거들어 준 것이다. 그러나 힘이라고 쓴 것이기보다는 그 들의 처지를 돕는다는 마음으로 했다 하면 믿지 않으려냐? 그들로부터 고맙다는 소리는 들었는데…….

    필자는 법원에 근무하면서 왜 이렇게 많은 경찰서가 필요하고, 형사사건은 늘어만 가고, 검찰청과 법원이 쌍둥이가 되어 곳곳에 있어야 하는지 종종 생각하곤 했다. 부질없고 주제넘은 생각이기도 하고 더욱이 그 속에서 밥 먹고 살면서 무슨 꿍꿍이속인가 하고 욕할 수도 있다. 지금 생각해 보면 우습기도 하지만 지금도 안타까운 마음은 금할 수가 없다.

    솔직히 죄짓는 사람들이, 죄를 짓는 기업(회사)들이 많기에 생기지 말아야 할 권력이 생기고 불필요한 낭비가 얼마나 많이 발생하는지 따져 본 사람이 있기나 한지 모르겠다. 하지만 요즘 항간에 논란이 되는 법조비리 정화니 검찰개혁이니 수사권 조정이니 하는 것도 중요하지만 먼저 사회 정화와 범죄 예방이 더 중요하지 않을까 싶다.

    우리나라는 하나님이나 부처님도 고소하지 않을까 하는 생각이 들 정도로 유난히 고소·고발이 많은 나라이다. 심지어 가족들 간에도 종종 고소한다. 고소·고발의 남발로 인하여 수사력과 비용이 너무 낭비되는 것은 안타까운 일이다. 무엇보다도 고소·고발이 현장 범죄보다 비 현장 범죄 분야에서 더욱 많다. 특히 정치인·기업인·신앙인·가족 구성원 간에도 어지간히 많다는 것이 간단치 않은 문제다. 고소·고발이 많다는 것은 사회가 불안하고 분쟁이 많다는 것이다. 무엇보다도 자결능력이 부족하다는 것을 의미하기에 머리를 맞대고 고민해야 한다.

필자는 고소·고발을 하면서 무슨 대단한 일이나 하는 것처럼 세상에 떠들썩하게 알리고 그 접수처에서 신문사나 방송사의 기자들까지 불러 사진 찍는 광경을 보면서, 고소·고발이 자랑거리이고 명예로운 일인지 묻고 싶었다. 고소·고발로 수사에 이어 재단도 하기 전에 미리 단죄하여 죄인을 만들고 대단한 일을 한 것처럼 여기는 것이 옳은지 되묻고 싶었다. 무엇보다도 고소·고발하는 자들이 피고소인, 피고발자들의 범죄 원인 제공자들로 보일 때는 더욱 가증스럽고 치졸해 보인다. 그 광경을 보면서 일하면서 속을 부글부글 끓이면서 이를 보아야 하는 데는 너무나 짜증스러웠다. 더군다나 변호사들이나 법조출신 정치인들이 그 짓을 하는 데는 정말 눈을 흘기고 볼 수밖에 없었다. 심힌 말로 양아치나 시정잡배가 아니라면 그런 일에 변호사 자격증이나 전직판사, 전직검사 자격증을 쓸 일은 아니지 않나?

고소·고발은 될 수 있는 한 피하는 것이 좋다. 어쩔 수 없이 하더라도 조용히 할 일이지 나대면서 자랑스럽게 할 일인가. 법적 근거를 좋아하는 사람들이 법전에 그렇게 해야 한다고 근거가 있어서 하는 일인가.

　사실 불필요한 고소 고발이라 할지라도 접수가 된 이상 절차에 따라 처리해야 한다. 그 처리는 수사기관의 인력 낭비이며 소모적인 공무 수행으로 귀결된다. 결과적으로 고소 고발장이 쓰레기로 변하는 과정인데, 한편으로는 그것을 즐기는 사람들의 해방구이기도 하고 그 결과 수사관들이 콧대를 높이는 반사 이득을 낳는다고 볼 수도 있다는 생각이 들어 꺼림칙 하다. 달리 보면 고소장은 당한 사람의 '바보 증명서'이고 '피해 견적서'일 수 있는데 고소를 어찌 자랑스러워하며 즐기려 하는지 이해하기 어렵다.

　그러나 고소 고발은 위대한 수사단서이고 최고의 해결수단으로 자리 잡은 것을 부인하지는 못하게 된다. 되도록 고소 고발장은 쓰지 않는 것이 좋지만 만일 쓴다면 쓰레기장으로 가지 않을 자신이 있을 때 쓰기를 권한다. 고소·고발은 즐기는 것이 아니라 통렬한 자기 반성문임을 먼저 알아야 할 것이다.

　법조 타운 주변에는 상습 고발자, 상습 고소인이 있다는 것은 부정할 수 없는 현실이다. 하지만 그들은 그래도 형식은 갖추어 고발장, 고소장을 정식으로 제출하여 순서를 밟는 스타일이라 그들에게 걸려들지만 않으면 아주 귀찮은 존재는 아니다.

　문제는 악성 민원인으로서 오죽하면 각 법원에 악성 민원인 전담 처리담당관이 있을 정도다. 소위 진상 민원인들은 안하무인의 절정이고 '무대뽀'의 초고수다. 그들의 상대는 하급자가 될 수 없고 바로 원장이다. 절차도 순서도 없이 제 맘대로이다. 한 가지 재미있는 것은 그들은 폭력은 쓰지 않으며 말로만 하고 해결 가능한 민원이 아니라 모두 해결 불가능한 민원이라는 것이다. 그들을 잘 다독거리고 잘 따돌리는 재주가 있어야 능력 있는 민원 처리담당관이 되는데 능력을 인정받으면 좋고, 능력을 인정 못 받으면 더 좋다고 하는데……. 악성 민원인은 기소 없는 피고인으로서 법원장의 사무 관할이라 숨어서 재단하는 최고의 수행이라고 하면, 실정을 모르는 사람은 난해한 사안이라 하겠다!

* 법정에 비치는 피고인들의 여러 모습

공판정에 선 피고인들의 모습은 대체로 풀 죽은 모습이고 부끄러워하는 모습인데 필자가 경험에 비추어 몇 가지로 구분하면 다음과 같다.

◎ 읍소형(일반형):

죄는 인정하고 선처를 바라는 스타일로서 초범은 구치소 수감자들로부터 귀 동양을 하거나 변호사의 코치를 받아 그렇게 하는 것으로 보인다.

◎ 얌체형(특수형):

죄를 인정하면서 법을 최대한 이용하여 불리함을 피해서 가려는 스타일로서 전과자·상습범·경합범·경제범 들이 공판기간과 수형기간 등을 유리하게 이끌어간다.

◎ 투사형(애국형):

불법, 부당한 기소를 당하였다고 무죄를 주장하거나, 양심범으로서 부당한 공권력에 항거하는 것이기에 죄가 아니라 정당한 행위로 인정할 것을 요구한다.

무죄 투쟁이 아닌 투사형은 일반적인 범죄는 이에 해당하지 않고 필자의 입회 시대(군사독재)가 아니면 경험하지 못할 일일 것이다. 1980년대 초 군사독재에 수많은 학생이 군사독재에 항거하여 시국사건이 넘쳐 날 때 서울지방법원 관할인 대학교 학생들이 줄줄이 법정에서 공판을 받았다. 그들은 최후변론에서 사자후를 토하며 독재를 성토하고 수사기관(경찰·검찰)과 재판부를 독재에 협조하는 권력의 주구들로 비판하였음에도 보통 그대로 조서를 작성할 수 없어 "피고인이 유리한 진술을 하다"라는 부동문자를 쓰는 게 관행이었다. 그런데 필자는 최대한 그들의 진술 핵심과 요지를 개략적으로라도 기록해 주고자 애를 썼다. 당시 두 분 판사의 입회를 했는데 두 분 다 인품과 능력이 출중하여 판사 중의 판사라, 나의 그런 눈치 없는 짓을 나무라지는 않아 그때 달리 보았다. 지금도 그분들을 존경하고 그러한 배려에 대해 감사를 드린다. 그 암울했던 시대를 같이 지내면서 온몸으로 체험한 그 기억은 지금도 머리에서 지워지지 않는다. 필자는 분에 넘치게 인덕이 좋아 그분들을 비롯해 필자가 직접 모신 판사 중에서 여섯 분이나 대법관이 되었고 같이 일한 동료들이 20여 명이나 국장까지 승진하는 기쁨을 누렸다. 내가 보유하는 재산 중에 가장 소중한 재산은 사람이다. 그분들은 그분들의 명함이 내 재산목

록에 올라 있는 줄은 모르시겠지만 내 귀중한 재산임이 분명하다.

형사입회를 하면서 법정에서 경험한 일 중 아직도 기억되는 것 중 몇 가지를 소개하고자 한다.

군사독재 시대에 계엄법 위반이나 국가보안법 위반, 특수폭력 및 시위에 관한 특별법 위반으로 법정에 선 학생시위사건의 피고인(대학생)들에게는 그들을 위해 변론하는 국선 변호인이나 사선변호인이 있었다. 하지만 그들 자신이 변호사보다 더 법리 공방을 치열하게 하였고 학교에서 배운 것보다 구치소에서 배운 것이 더 많은 듯했다. 외국판례와 학설을 두루 섭렵하여 검사와 판사를 가르치려 했는데, 이를 듣고 있는 나도 감탄이 절로 나올 정도였다. 지금 그때 그 사람들 가운데 정계에서 나름 유명인사인 사람도 있다. 용기와 투지가 있던 그 사람들이 그때 그 모습과 의지를 일관되게 지키기를 바라는 마음이 적지 않다.

그런가 하면 유명 목사가 법정에 서는 일이 가끔 있었다. 목사의 공판정에는 필수적으로 교인들이 몰려오고 그 교인도 두 패로 갈라져 한쪽은 목사 두둔파고 다른 한쪽은 목사 비난파로서 공판정이 처음부터 끝날 때까지 소란스러웠다. 그 교회는 예배도 서로 다른 시간에 각각 따로 드린다고 하며 섬기는 목사도 다르다 했다. 필자는 세 목사의 공판을 경험했는데 모두 같은 행태였고 죄를 인정하기보다는 죄인지 모르고 한 행동이라고 하였다.

한 가지 더 소개하면 초강력범죄나 극악범의 피고인들이다. 그들은 범죄행위 당시 인간성을 이탈한 상태에서 범행하였고 대부분 애당초 계획적이기보다는 순간적인 우발범이 대부분이었다. 도저히 구제 가능성이 없어 극형(사형)을 선고하면 아무리 극악무도한 흉악범이라 하여도 정신을 잃고 넘어지는 것을 보았다. 그래서 판사들이 제일 싫어하는 일이 사형선고였다. 필자가 서울 남부지원에서 형사합의부 입회를 하던 때 모셨던 강 모 부장판사는 사형선고를 한 날은 잠을 제대로 잘 수 없어 대취하여 술김에 잤다고 하였다. 오죽했으면 사형선고 후 사표를 낸 판사도 있을 정도이다. 판사의 화려함 뒤에 가혹한 고충이 있었음을 말해준다.

형사 법정에는 두 가지 싸움이 있다. 하나는 피고인이 검사와 싸우는 것이고 또 하나는 검사가 무죄와 싸우는 것이다.

형사사건은 대체로 공격수가 검사이고 방어자가 피고인인데 검사는 국가형벌권의 행사자로서 범죄자의 죄상을 밝히기 위하여 각종 증거를 공판정에 현출시켜 판사가 죄를 확신케 하여 그에 합당한 형벌을 선고하도록 하는 역할을 한다. 이에 반해 피고인은 죄상을 되도록 줄이거나 형벌을 피해가려고 갖은 수단을 다하는 방어적 입장에 선다. 대부분의 피고인들은 수사과정을 통하여 이미 처벌을 각오하고 있는 입장이라 공판단계에서는 체념적인 태도를 보이는 사례가 많다. 기소되면 벌써 구치소에서 예심을 받고 나오기에 공판정에서 판사의 눈 밖에나지 않도록 공손 스타일로 일관하는 사례가 대부분이다. 하지만 치열하게 무죄를 다투는 피고인은 그야말로 검사와 투쟁을 하는 것이다. 이때 검사는 피고인과 싸우는 것이라고 보기보다는 무죄와 싸우는 것이다. 이러한 과정에서는 피고인이 공격

수가 되고 검사가 방어자가 된다.

　일반인들은 검사가 철저한 수사를 거쳐 기소하기 때문에 무죄가 없는 것으로 알지만 1년에 일천 건 이상의 무죄가 난다. 그래서 공판검사는 피고인이 무죄를 주장하면 초긴장하고 적극적으로 방어해야 한다. 한마디로 무죄는 검사의 수치다. 죄 없는 사람을 억지로 죄인으로 처단하려 하였다는 비난 차원이 아니라, 무죄는 수사의 크나큰 실수이고 검사의 자존심의 문제이며 인권유린이기 때문이다. 억울한 피고인 처지에서 검사는 어떤 모습으로 보일까? 생각해 보면 "악마", "죽일 놈", "원수"가 아니겠는가? 무죄가 확정되면 관보에 공고하고 피해보상도 하지만 이미 잃어버린 인격·명예·시간 등 되찾을 수 없는 것이 너무 많으며 또한 그 심한 고통을 나라가, 검사가 어디까지 보상해 줄 수 있겠는가!

　시국사건이 무죄로 결정되는 것이 문제이지만, 필자는 살인사건이나 대형사고의 무죄가 더 뼈아픈 고통과 회한을 준다고 생각한다. 이러한 무죄는 담당 수사관의 책임을 엄중히 추궁해야 한다고 주장한다. 지금까지 이런 큰 실수를 한 검사가 잘못을 고백하고 정중히 사죄하는 것을 못 보았다. 실사 검사가 잘못을 인정하며 옷을 벗고 나갔다 하여도 그것으로 용서가 되는지 마음이 불편하다. 최근 검찰총장이 과거 시국사건의 처리상 과오를 인정하고 정중히 사죄한 것이 다른 기관(?)과 달리 보였지만 당사자들인 해당 경찰관과 수사검사들의 진정한 사죄는 듣지 못했다. 무죄선고를 받은 분들이 [무죄피선고인 전국 연합회를 결성하여 그동안의 진상을 밝히고 책임을 요구하는 방안을 도모하는 것이 좋을 듯하다.

형사공판정에서 판사의 선고보다 검사의 구형이 더 관심이 간다고 생각한다. 구형량에 형량 선고가 꼭 기속되지는 않으나 구형량을 보면 선고형량이 어느 정도 예측이 가고, 판사도 구형량에 전혀 자유롭지 않기 때문이다. 구형량과 선고형량이 차(선고 형량이 적음)가 많이 나면 관대하다는 소리는 들을 수 있다. 하지만 검사의 불만이 있고 차가 적으면 피고인의 원망을 들으며 몰인정한 '야차'로 몰리는 게 부담되기 때문이다. 구치소에서는 판사의 선고형량 스타일이 있어 그들의 예측 형량(구치소선고)과 실제 선고 형량이 크게 차이가 없다는 예리함에 놀라지도 않는다고 한다.

그런데 공판검사가 수사검사의 의견을 참고하나 구형의 재량이 있기에 소위 '올려(up) 구형'과 '내려(down) 구형'이 있고 '백지 구형' 및 '무죄 구형'도 있다. 죄질이 나쁘고 반성의 기미가 없으면 '올려 구형(괘씸죄)'하고, 죄를 순순히 인정하고 반성을 하는 피고인은 '내려 구형'을 하는 것 같다. 경험하기 매우 힘든 백지 구형과 무죄 구형은 대부분 생각도 못 하고 들어보지도 못했을 것이다. 필자도 재직 중 경험하지 못했으나 최근에 그런 일이 있었다는 신문 보도를 소개한다.

그 주인공은 현직 부장검사 임 모 검사로서 2012년 9월 6일 시국사건인 민청학련 관련 박형규 목사의 재심 사건에서 상부의 지시는 백지 구형이었으나 임 검사는 무죄구형을 하였고, 같은 해 12월 28일 윤중길 진보당 사건의 결심 공판에서도 역시 무죄구형을 함으로서 상부의 의도에 반하는 행위를 하여 주위의 경탄(?)을 받았다. 구형할 때 동료검사의 방해를 막기 위해 검사 출입문을 닫았고, 구형한 후에는 반가 휴가를 신청하고 퇴청하여버렸다.

그러자 상부는 그 행위를 못 마땅히 여겨 징치하려 하나 마땅한 이유를 찾지 못하다가 마침내 휴가 신청 시간(13:00)보다 20여 분 일찍 12시 40분에 퇴청하였다는 사실을 찾아내어 검사의 품위를 훼손했다는 이유로 정직 4개월의 징계를 내렸다.

임 검사는 이 징계의 부당함을 다투어(행정소송) 4년여의 투쟁 기간을 보내고 복귀하는 찬란한 이력을 얻었다. 검사의 백지 구형은 범죄의 입증이 제대로 안 되어 구형할 처지가 못 되니 법원에서 알아서 하라는 것이다. 무죄 구형은 피고인이 죄가 없으니 무죄를 선고하여 달라는 것이다. 형사소송법상 기소된 사건의 공판이 결심되면 검사가 구형을 하는 데 형의 종류와 내용을 구체적으로 구하지 않고 법원에 맡긴다는 것은 구형 의무 위반이라고나 할까?

하지만 무죄가 확실한 사건에 무죄 구형을 하는 것은 구형 의무를 이행한 것이라 하겠다. 구형 잘못을 이유로 징계를 한다면 백지구형한 사람이 징계대상이 될지언정 의무를 다한 무죄구형한 사람이 징계대상이 될 수는 없는 것이 아닌가.

백지구형이든 무죄구형이든 수사와 기소가 잘못되었음을 스스로 인정하는 것이니 통렬한 자기 고백 정도로는 부족하고 무죄선고에 책임 있는 해당 검사가 해당 피고인 앞에 무릎을 꿇어야 한다고 생각한다.

검사들이 출세를 위하여 큰 건을 만들어 그 공로를 자랑하는 일에는 적극적이지만, 억울한 죄인을 만들어 인생을 망치고도 그 책임을 질 줄 모르거나, 책임을 지지 않는 것은 자랑스럽고 명예로운 직업이기에 가능한 것인가, 아니면 최고의 권력기관이기에 가능한 것인가!

검사의 백지구형은 공판역사상 희귀하게 몇 번 있었다는 것이나 무죄구형은 초유의 일로서, 그렇기에 징계 사유로 삼으려 하였으나 자살골이라고 생각되었는지 차마 하지 못하고 억지로 다른 사유를 찾아 징계했다. 이 역시 자살골이 되어 스스로 흑역사를 기록하였다 할 것이다. 필자는 검찰청의 이웃에 살면서도 내 집 일이 바빠 깊은 관심을 보일 수 없었으나 조금 보고 들은 것은 사실 우리 집(법원)보다 나은 것이 별로 없었다. 약간 건방지며 거들먹거리는 것을 보았고 먹는 것(?)이 지저분하기는 하나 그 양이 좀 많은 것이 아닌가하는 생각이 들었다.

오늘날 사법기관이 모두 개혁대상으로 회자 되는 이유는 분명 있다. 특히 검찰 개혁은 필수적이라고 본다. 그 이유는 딱 두 가지로, 검찰 권력의 무소불위와 검찰정치다. 검찰은 조직의 최강권력을 계속 유지하려는 수단으로 전에는 정치권력에 편승하더니 이제는 언론과 손을 잡고 정치권마저 휘어잡는 검언 유착권력이 되었다. 그러니 그 꼴을 못 봐 준다고 권력기관 개혁이라는 시대적 명제가 생겨난 것이 지금의 세태가 아닌가 한다.

하지만 그 권세라는 것이 한곳에 오래 머무르지 못하여 검찰 권세도 이제 그 칼끝이 무뎌지게 되는 날이 그리 멀지 않는 것 같다. 검사 셋이서 짜면 못 잡을 놈이 없다는 말을 공공연히 한다는 그들이다.

대통령이 검사에게 총질을 못 하지만 검사는 대통령도 총질할 수 있다고 한다. 대통령은 5년 권력이지만 자기들은 영원한 권력이다는 말도 거침없이 한다는 그들의 오만과 '시건방'은 일부라 할지라도 꼭 잡아야 한다는 생각인데 이는 필자만의 생각으로 흘러가 버릴 일이 아니면 좋겠다. 최근 검찰총장이 국정감사에서 법무부장관이 자기에게 선처를 부탁하였다는 말도 하는 것을 보면 검찰은 선처도 하는 사법기관인 것 같은데, 그 선처를 한다면 누구에게 하는 것인가. 불쌍한 사람? 마음에 드는 사람? 자기편? 자기사람? 더욱 대가가 있는 선처라면 심각한 문제가 아닌가. 검찰은 법과 원칙에 덧입혀 선처로 수사하는지? 스스로 중립을 외치는 검찰의 입에서 선처라는 말이 나왔다면 중립도 선처의 산물이 될 수 있다는 뜻인가?

이제 검찰의 그런 자비심은 검찰청 지하에 묻어두고 냉철수(冷徹水)를 뽑아 마시기를 간절히 원한다. 그렇다고 전혀 선처하지 말라는 것은 아니고 억지로 봐주는 선처가 아니라 '과잉치죄(過剩治罪)'로 인해 한을 품게 하지 말라는 것이다. 사람을 죽이는 치죄가 아니고 살리는 치죄여야 하는 사법 명제가 선처라는 수단으로 이루어지기를 소망한다. 강한 자에게는 선처하고 약한 자는 엄벌하는 '선택적 선처'는 진정한 선처가 아님을 모두 알고 있다.

형사공판을 경험하면서 의아스러운 것은 피고인을 변호하는 변호사들이 저렇게 돈을 쉽게 버나 하는 것이다. 사실 무죄를 치열하게 다투는 것을 제외하면 감형 사유를 수단껏 둘러대어 피고인에게 유리한 판결(최소형량)을 얻어내는 정도이다. 피고인이 뉘우치고 있고 이런저런 사유가 있으니 관대한 선처를 바란다는 정도의 어렵지 않은 언변일 뿐이라 생각되는데, 수백 수천만 원의 수임료를 받는다는 것을 수긍하기가 매우 어려웠다. 지금도 마찬가지다. 특히 재벌가의 사건 공판정에 도열하는 많은 변호사의 역할은 도대체 무엇일까? 깊은 의구심이 든다. 필자가 보기엔 똑똑한 변호사 한 사람이면 충분 할 것 같다. 사실 형사사건은 수사 단계에서 결판을 보아야지 공판단계는 그저 형량조정단계정도인데 말이다.

3) 진정서 탄원서의 위력?

형사사건의 기록에는 거의 모두가 진정서나 탄원서가 제출되어 있다. 왜? 죄지은 사람을 위해 할 진정이 있으며 탄원할 일이 있는지? 하겠지만 아예 공판의 상용수단이고 필수과정이 되었다. 그러다 보니 진정서나 탄원서가 없는 것이 이상할 정도로 선호하는 변호수단으로 자리 잡고 있다.

필자는 진정이나 탄원이 실로 대단한 효과가 있음을 아주 드물게 보기는 했으나 대부분 기록만 부풀리지 별 효과가 없고, 오히려 역효과를 낳기도 했다. 대체로 진정서는 죄는 인정하되 죄를 짓게 된 애절한 사유가 있기에 그 사정을 살펴 달라는 내용의 기술이다. 탄원서는 죄를 지을 사람이 아니라거나 죄는 지었지만 처벌(실형)하면 또 다른 가혹한 일(가족의 생계 곤란 등)이 추가로 발생하니 선처가 필요하다는 내용의 기술이다.

부모의 죄를 용서해달라는 초등학생의 간절한 탄원과 제자의 잘못에 대해 용서를 구하는 스승의 애절한 진정은 효과를 보는 사례가 있었다. 하지만 한때 요란했던 소위 장영자 사건에서 변명으로 일관하는 장문의 진정이나 연관단체의 연명진정서, 이웃들이나 가족의 연명탄원서 등은 효과가 없다. 차라리 본인의 진심 가득한 반성문이 효과가 있었다.

지금 기억되기로는 군사 독재 시절 시위 학생들이 공판 중에 판사에게 군부를 성토하는 항의문을 올리는 쪽보다는 반성문을 계속 올리는 쪽이 "개전(改悛·행실이나 태도의 잘못을 뉘우치고 마음을 바르게 고쳐먹음)의 정이 보인다"라며 감형하는 것을 보았다. 반성은 곧 감형이지만 불만(항거)은 가형(加刑)이 되는 것을 알고도 꿋꿋한 기개를 지키면서 그 시대의 아픔을 겪었던 시위 학생들이 판사의 마음을 얻지 못하는 시대를 거쳤던 필자는 그런 일을 옛일로 기억할 수 있는 것이 얼마나 다행인가를 지금 느낀다. 다시는 학생이 시위에 나설 일이 없어야 한다.

참고로 형사공판에서 문제 중의 문제는 판사의 럭비공 스타일의 선고 스타일이다. 남부 지원의 가모 판사와 성남 지원의 유모 판사의 사례에서 그들의 선고 형량은 예측불허이기에 럭비공 판사라 했다. 이 판사들에게 사건이 배당되면 부근의 변호사들이 쩔쩔맨 것은 어떤 선고가 나올지 모르기 때문이었다.

☞ 형사소송 5계명

① 제1 계명: 피고인은 판사를 아버지처럼 여기고 검사는 '스파링 파트너'처럼 여겨라.

판사는 피고인의 죄를 심판하면서 죄를 지은 연유와 사정을 살피는 처지에서 죄에 대해서는 엄격하나 인간에 대한 연민이 있기에 예의를 갖추어 대하는 것이 피고인에게 유리하다. 검사는 '죄'라는 칼로 피고인을 베려는 검투사이기에 방패로 대항해야 하는 처지에서 권투의 '스파링 파트너'처럼 생각하고 가까이 붙어서 약점을 찾아야 한다. 관대함을 기대하기보다는 철저히 모든 힘을 다하여 싸워야 한다. 그러나 적으로만 생각해서는 안 된다. 검사는 국가기관으로서 공무를 수행하는 공인이기 때문이다.

② 제2 계명: 피고인의 깨끗한 승복이 최선의 선택일 수 있다.
정말 억울하여 무죄를 다투는 경우가 아니라면 지은 죄는 깨끗이 인정하고 책임을 지겠다는 모습을 보일 때 판사의 마음이 움직여 확실한 감형을 보장받을 수 있다. 어설픈 변명이나 핑계는 감형을 스스로 차단하는 속수가 된다.

③ 제3 계명: 피고인이 죄를 버릴 수 있으나 죄에 대한 책임은 버릴 수 없다.
지은 죄는 기억 속에서 지을 수 있고 다시는 같은 길을 가지 않겠다는 다짐으로 새로워질 수 있겠지만, 지은 범행은 형벌이라는 대가를 반드시 치러야 하므로 피할 수도 버릴 수도 없다.

④ 제4 계명: 피고인의 철저한 반성(회개)은 범죄의 아름다운 선물이다.

범죄를 공판을 통하여 확인하고 그에 대한 책임을 지우는 국가형벌권의 행사가 형사소송 절차이지만 결국 죄지은 사람을 교도하여 선한 길로 인도하는 것이 목적이다. 죄를 지은 피고인이 뉘우치고 반성하는 자세가 있다면 죄를 다스리는 과정에서 얻어지는 아름다운 결과다.

⑤ 제5 계명: 피고인의 수형(受刑)은 그 인생의 새로운 길이 될 수 있다.

사람이 죄를 짓고 싶어 짓는 경우는 없다 할 것이다. 살다 보니 어쩔 수 없어 휘말린 경우가 대부분이다. 어려운 고비를 겪으면서 새로운 각오를 하고 개과천선하는 사람이 적지 않다. 범죄에 대한 나쁜 경험이 새로운 도전의 계기가 될 수 있고 인생의 대반전이 될 수도 있다.

Chapter 3

제3 법정

1) 재판에 관한 이야기(증거) 1

서두에서 내가 살짝 가려진 소송마당을 알려주어 앞으로 소송을 하려는 사람들에게 조금이나마 도움을 주려는 의도가 있다고 하였는데 이하 기술하는 것이 그 의도를 실현하는 것임을 밝혀둔다.

* **직업증인이 있다!**

대법원 민사과장 재직 시(2000년), 대검찰청 송무부장(K)이 대법원 소속 송무국 국·과장 및 심의관들(7명)과 오찬회동을 하는 자리에서 '직업증인'이라는 새로운 직업이 생겼음을 이야기했다. 일당이 약 50만 원 정도고 주로 교통사고 사건에서 목격증인 역할을 한다고 했다. 그런 증인들 때문에 피해자가 가해자가 되고 엉뚱한 사람이 사고자가 되는 등 교통사고 처리 수사 결과가 엉뚱한 결론이 나는 사례가 많다고 개탄했다.

요즈음 교통사고를 이용한 보험사기가 사회적 문제가 된 중심에는 이런 직업 증인이 있다고 생각할 수 있다. 어찌 이것뿐이랴? 민사 법정은 가히 거짓말 대회장이라 할 수 있고 증언의 진실 여부를 판별하는 능력이 바로 재판능력이라 해도 틀린 말이라고 못 할 것 같다.

직업증인이 있다는 사실에 대하여 놀라움을 감출 수 없지만, 전에도 지금도 가짜 증인이 늘 있고 그 가짜증인에 의하여 재판부가 농락당하는 것을 누구도 부인하지 못하는 참담한 현실이 있음을 알아야 할 것이다. 최근에도 외부 사주에 의해 단체로 위증했다가 유죄 판결 확정 후에 위증을 자수해 재심을 해야 했다. 그 위증의 대가가 돈이었다는 보도를 접하면서 위증의 완전한 근절은 불가능 할지라도 그 방지책을 찾아 최소한으로 줄여야 한다는 간절한 생각이 든다.

가짜증인을 내세워 승소했다가 재판 종결 후 승소자가 가짜증인에게 당하는 사례도 있고, 반대로 대가를 많이 받은 가짜증인이 의뢰 당사자에게 되치기(과도한 증언에 대한 대가 요구)당하였다는 소문도 있다. 결국 위증은 법정에서 이루어지는 것으로서 엄정한 법정이 새로운 범죄를 만드는 범죄 소굴이 되는 것 같아 안타깝다. 이는 당사자뿐만 아니라 공인인 변호사도 가담한다는 사실에 더욱 놀라지 않을 수 없다. 승소를 위한 수단에는 앞뒤를 가리지 않는 법조 풍조가 심히 개탄스럽다.

증언은 재판에서 절대적 위치에 있음에도 그 진실성, 그 진정성은 가히 최하급 신뢰 수준이다. 사람의 말이 이렇게까지 불신을 받는 것은, 사람이 원래 그렇기 때문이라면 지나친 생각일까? 나는 입회를 하면서 거짓말 냄새가 나는 증언을 수없이 들었다. 그렇다고 그것을 제지하지 못하고 그냥 속수무책으로 들어야만 했다. 당사자(변호사)와 증인이 서로 짜고 나와서 연출하는 기막힌 연기에 판사도 나도 속절없이 속는 일이 있었을 수 있다는 점을 부정할 수 없다.

가짜증인이 법정에서 판치는 것과는 반대로 꼭 증언해야 할 절대적 필요 증인이 상대방의 협박이나 회유에 넘어가 증언을 기피 또는 거부하는 것은 가짜증인만큼이나 나쁘다. 진실을 가리고 승패를 뒤엎는 가짜증인도 문제지만, 억울함을 풀고 손해를 변상 받아야 할 당사자를 외면하여 억울한 죄인을 만들거나 큰 손해를 입히는 행위는 허위 증언으로 인한 위증죄보다 진실 외면으로 인한 인간성 파괴의 피증죄로 더 무겁게 사회적 책임을 지워야 한다고 나는 생각한다. 위증은 발각되면 처벌이라도 받으나 증언을 거부한 사람은 처벌할 수 없으니 어떻게 해야 좋을지 고민에 빠진다.

위와 같이 직업 증인 외에도 '관제 증인'이 있었다. 군사정권 시절 보안법 사건이나 집시법 위반사건 등은 피고사건 입증에 필요한 증거로 수사기관에서 억지 증인을 만들어 법정에서 증언하도록 했다. 이를 '관제 증인'이라 하고, 상대적으로 개인이 자기의 주장을 입증하기 위하여 가짜증인을 법정에서 증언하게 하는 것을 '사제 증인'이라 할 수 있다.

사실대로 양심을 속이지 않고 진실하게 증언하여야 할 증인이 허위로 조작된 사실을 증언하거나 반대 사실로 증언하는 것은 증언의 가치를 매장하고 진실을 왜곡시켜 오판을 낳도록 해 말할 수 없는 피해를 초래한다. 그 오판이 주는 피해가 적게는 사소한 것일 수도 있으나 크게는 삶의 파괴, 고통, 회복할 수 없는 피해를 가져온다. 평생을 감옥에서 살아야 하거나 많은 재산을 잃거나 깊은 치욕을 겪어야 한다. 증언은 재판에 있어 진실을 담보하는 가치가 있으나 위증은 가공할만한 파괴력이 있다. 그래서 판사가 증언의 진실성과 임의

성 판단에 초능력을 가져야 한다고 생각한다. 사실 판사들이 증언을 처음부터 의심하고 각별한 마음가짐으로 판별하려는 진중한 자세가 아니면 위증을 감별하기 쉽지 않다고 본다. 참여관으로 증인 조서를 작성하면서 증언대로는 작성하지만 나름대로 증인의 자격·태도·진술내용 등을 살피면서 내가 작성하는 조서가 위증 조서가 되지 않기를 바라는 간절한 마음으로 늘 임하였다.

재판에 관한 증언의 가치는 오직 법정에서만 빛나는 것이고 거짓 없는 증언이 올바른 판단을 이끌어낸다는 점에서 증인의 진실증언 의무는 증인의 사명이자 책임이다. 증인의 위증으로 인해 법정이 모독되고 오판의 산실이 되는 악폐는 막을 수 있는 한 막아야 한다. 전 국가적으로 매일 위증자가 생기고 매일 위증범이 처단되는 현실을 막을 수가 있는 것인가? 지금 이 순간에도 위증을 모사하고 위증을 통해 이득을 취하려는 파렴치한 모사꾼들이 있다. 더불어 당연히 증언대에 서서 진실을 밝힘으로 사건을 올바르게 판단하도록 할 의무가 있음에도 겁박에 질려 회유에 넘어가 증언을 피하고 있는 '배도치한(背道癡漢)'들이 있음을 부정하지 못하는데 이를 보고만 있어야 하는지 미음이 답답하다.

증인이 진실을 외면하고 진실을 팔아 이익을 취하는 악행은 인간성의 파괴요 진실의 매장이요 사행의 조장이요 오판의 창조다.

내가 경험한 일례를 소개하면 강남 고가의 아파트를 매매하는 과정에서 매수 잔금을 지급 약정일 기준 1개월 전후에 매수아파트를 전세 놓아 그 전세 보증금으로 대체하는 유보조건부 약정을 하였다. 하지만 사정이 여의치 않아 전세입주자가 나타나지 않음으로 인하여 잔금 약정기일을 넘겨 유보기간(한달)까지도 넘기게 되었다. 그러자 매수인은 부득이 자신의 돈으로 잔금을 치르기 위해 돈을 준비하여 중개인 사무실에 가서 잔금을 지불하고자 매도인을 불렀다. 그러나 매도인이 나오지 않았고 연락도 받지 않아 하는 수없이 매수인은 잔금을 지불하지 못했다. 그 후 매도인이 계약 해제 통지를 하여 왔으나 그 이전에 잔금이행의 준비를 하여 이행 제공을 하였음에도 매도인이 그 수령을 지체(거절)한 것이었다. 매도인이 계약의 해제 조건을 갖추지 못했음을 이유로 잔금 전액을 공탁하고 매수 아파트의 소유권이전청구소송을 제기하였다. 매수인이 승소하기 위해서는 계약 해제 통지 도달 전 잔금 이행 사실을 입증해야 했다. 이를 위해 중개인의 법정증언이 필요하여 매수인이 중개인을 증인 신청했다. 그러자 법원이 이를 채택하고 채택한 증인에게 출석통지를 하였음에도 끝내 출석하지 않아 매수인이 결국 패소하는 것을 보았다.

  그런데 당시 매매 이후 아파트값이 치솟아 약 2억 원 정도의 차이가 나서 매도인이 매도를 후회하고 있던 차 매수인이 잔금 지급을 지체하자 곧바로 계약을 해제했다. 그러나 계약해제통지 도달 전에 잔금이행 준비를 하고 중개사사무실에 가서 매도인을 불렀다. 그러하기에 중개인이 그 사실을 증언해주어야 매수인이 승소할 수 있는 여건에서 증인이 출석하지 않아 주장(입증)책임을 다하지 못한 매수자의 패소로 재판이 종결되었다. 후일 알고 보니 매도인과 중개인이 모종의 약속(대가)을 하고 증언하지 않기로 하였다는 거였다. 결국에 매수인은 계약금 2억 원을 손해보는 일이 발생했고 이는 증언 기피에 따른 억울한 손해가 발생한 사건이었다.

이처럼 증언이 절대적으로 필요한 때 증인이 나서주지 않는다면 소송의 승패가 뒤바뀌고, 증언하였다 해도 사실을 바꿔 진술하거나 허위사실을 만들어 진술한다면 이 또한 판결의 결과가 뒤바뀌는 것이 된다. 증언의 진실성과 사실성은 재판의 절대적 담보인데 그것을 흔들어 버리는 위증이나 피증을 방지하여 재판의 신뢰와 정당성을 확보할 수 있도록 사법기관과 법조인들이 심도 있게 그 방안을 강구해 주기를 간절히 바란다.

위증죄는 다른 범죄와 비교해 형량이 더 무겁다. 하지만 위증범이 줄어들지 않고 오히려 매년 증가하는 추세다, 위증죄도 문제지만 피증죄도 문제이다. 현실 증언의 필요성과 중요성은 인정(규정)하고 있으나, 증언의 의무와 강제성이 약하고 부족한 것은 제도상·규범상 문제가 있어서 그런 것이 아닌가 싶다. 위증죄 못지않게 피증죄의 엄격한 처벌 규정을 신설하고 재판상 필요한 증인이라면 공권력을 동원해서라도 증언대에 세우는 제도가 필요하지 않을까 생각한다.

위증죄가 엄해도 위증이 없어지지 않는 것처럼 피증죄를 엄벌한다 해도 증인이 모두 출정한다는 보장은 없으며, 강제로 출정한 증인이 진실만을 증언한다는 보장도 없다. 그러나 절대적 필요 증인이 끝내 불출석하여 억울하게 패소하는 일을 보고만 있는 것은 사법기관의 사회정의 구현 책무에 위배 된다. 물론 제도적으로나 규범적으로 엄하게 규율한다 해도 지나친 강제성으로 인한 폐해를 최소화하면서 증인의 인권보장을 심각히 고려해야 할 것이다.

☞ 채택 증인의 증언거부에 대한 특별조치법(안)

- 법원의 출석(소환)통지를 받은 증인은 법정에 출정하여 증언할 의무를 진다.
- 증인이 출석통지를 받고도 출정하지 않을 때는 사법경찰관을 통해 수배하여 강제 구인 할 수 있다.
- 증인이 출정을 거부하거나 증언하지 아니할 때는 징역 3년 이상의 형에 처한다.

2) 재판에 관한 이야기(증서) 2

증서: 소송에서 주장 사실이나 항변 사실을
입증하기 위한 문서 등으로서 증거서류의 준말

증서는 소송법상 물적 증거의 하나이지만 여러 종류의 증거 중 인적 증거인 증인과 더불어 매우 중요한 증거로서 재판을 좌우하는 절대적 가치를 갖는다. 증서의 종류도 다양하나 그 중에도 가장 대표적인 것이 문서이다. 문서는 개인이나 상호 간 또는 단체가 나타내려는 의사나 관념 또는 사상을 문자 또는 기호로 나타낸 것이라 하겠다. 문서는 작성 주체(공공기관 또는 개인)에 따라 사문서·공문서로 구분하여 재판에서 취급을 달리하고 형사상 처벌도 구분하여 처리한다. 공문서는 그 중요성을 인정하고 작성 주체와 구성형식이 확인(존재)되면 그 증거능력과 증명력을 당연히 인정해야 한다.

사문서는 작성 주체가 있고 형식을 갖추었다 해도 그 진정성의 유무에 따라 증거능력이 결정되며 그 증명력은 법관의 자유로운 판단에 맡겨져 있다.

문서의 위조·변조·파손(훼손)에는 민사적으로 손해배상의 문제가 발생하고 형사적으로는 처벌의 문제가 발생한다. 또 그러한 문서를 사용하거나 제출하면 행사의 죄로 처벌받는다.

현재 사용이 점점 늘어나는 전자 문서도 문서로서 취급하는 것은 당연하고 종이 문서가 점점 사라져가는 시대에 전자 문서의 작성과 사용 및 행사에도 놀라운 발전과 변화가 일어나고 있다. 이와 함께 새로운 형태의 위조·변조범죄가 속출하고, 단속이 쉽지 않아 문서의 진정성과 명확성 판단에 재판부가 어려움을 겪고 있다. 그리하여 앞으로도 더욱 심각한 문제가 될 것이다.

국가기관이나 지방자치단체 등 공적 단체가 사문서를 위조 변조하는 일은 없으나 개인이나 민간단체가 사문서는 물론 공문서까지도 위조·변조하는 것이 흔한 일이다.

최근 각종 신분증·학력증명·자격증·상장 등을 위조·변조하는 일이 사회 지도층에서도 있다는 것은 심각한 문제이다. 한 인장업자는 자격증 위조용 인장을 수없이 각인했으며, 법인인감과 개인인감의 위조 부탁도 여러 번 들어주었다고 고백했다. 예전에도 이런 일이 흔히 있었는데, 그 진위판별이 거의 불가할 정도로 제작기술과 복사기술이 정교하게 발달한 지금은 아마 더 심각하게 일어나고 있을 것 같다.

문서의 위조 변조의 판별은 전문 감정인의 도움을 받지만, 감정인끼리도 판정이 엇갈려 재판부를 어리둥절하게 하는 사례가 있다. 소송에서 증거로 제출된 문서의 진정성이 문제가 되었을 때, 판별은 실로 간단한 일이 아닐 것이다. 문서 외에 다른 입증자료가 있다면 좋으나 유일한 증거자료라면 재판부의 부담은 매우 클 것이다. 이 경우에 판사는 객관적 판단뿐만 아니라 주관적 결단도 해야 할 것이다.

문서를 직접 자필로 작성하고 기명날인하였다면 문서의 형식과 내용에 별도의 배척사유(강압·비진의)가 없을 시 인정하여야 하는 것이 원칙(규정)이다. 하지만 오늘날에는 전자 문서 시대로 타자하거나 전자펜으로 문서를 작성하고 날인이나 서명도 이미지로 대체되는 현실에서 문서의 위조 변조가 더 쉬워진 것인지 어려워진 건지 알 수 없다. 하지만 문서의 진위판별이 더욱 힘들어진 것이 분명하다. 문서가 자필이 아니고 인주가 묻은 인형이 없어서 전에 흔히 하던 필적 감정이나 인형 감정은 구시대의 수단이 되었으니 이제 다른 감정 방법을 찾아야 할 과제가 생겼다.

전자시대라 할지라도 문서를 전자로만 작성하기보다는 그 정확성 확보와 위조 변조를 예방하기 위하여 문서의 중요내용은 필수적으로 자필로 작성하여 인증을 담보하는 직접 행위(무인·서명 등)가 필요하다고 생각한다. 이는 시대의 역행이 아니라, 문서가 갖는 가치와 중요성을 고려하여 전자 문서의 허점을 최소화하려는 대비책이라 볼 수도 있다.

문서에 준해 재판의 증거로 제출되는 것으로는 사진(화면·이미지)과 녹음이 있고, 촬영된 동영상도 있다. 최근 거의 모든 재판에 사진이나 녹음대나 녹취록을 제출하고 있다. 진성문서의 보완수단으로서 사진이나 메시지 녹음대 등 준문서의 중요성은 날로 높아져 가고 있으며, 이후 또 다른 형태의 준문서가 신기술의 발전으로 생겨날 것으로 생각한다.

앞으로 녹음·동영상·메시지 등의 사용빈도는 더욱 증가할 것이다. 전자문서와 함께 각종 전자증거의 중요성을 인식하고 그 활용 확대에 따른 제도적 대비를 할 필요가 있는 것이 최근 법정에 제출된 녹음·동영상 등 전자증거의 진정성의 문제가 자주 대두되고 있기 때문이다. 제출된 전자증거를 상대방이 증거로 동의하지 않을 경우라도, 그 채증은 법관의 자유재량으로서 제출된 증거를 법정에서 검증을 통하여 증거능력을 부여하고 증거로 사용할 수는 있다. 그러나 전자증거의 위작·변작(變作)을 다투는 경우 그 검증이 용이치 않음을 현실적 문제라 할 것이다.

우리가 흔히 보이스 피싱에 속고 가짜 뉴스에 속는 것처럼 전자증거도 고도의 기술로 조작한다면 전문가라도 위조·변조 판별이 쉽지 않을 것이다. 만일 판별이 제대로 안 돼 일어날 후유증을 생각하면 너무나 걱정된다. 이제 영상감정사, 녹음감정사 등의 직업군이 새로 등장해야 할 것이다. 문제는 원본보존의 문제로서 원본마저도 훼손되거나 변작된다면 상상을 넘어선 문제가 발생할 수도 있을 것이다. 그런데 누가 무슨 방법으로 그 안전성과 확실성을 보장할 수 있는지 알 수 없는 형편에 이르렀다. 전자문서의 불확실성과 불안전성이 기술(해킹 등)의 발전으로 증가하고, 재판증거로서의 중요성이 높아갈수록 그 진정성의 판별이 기술적으로 어려워진다 할 때, 이에 대한 대비는 필수적 과제이다.

이제 원본 안전 보존의 중요성은 더욱 고조되며 증거로 제출된 전자증거의 진정성을 확인하기 위한 수단으로서 사실조회 방법(복사본의 원본 대조, 원본 존재의 확인 등)이 일반화될 수 있다. 이는 원본의 공개(법정 현출)와 이동이 쉽지 않은 점에서 수월하게만 생각할 일이 아니다.

　지금의 우리들의 일상을 보면 인터넷과 모바일 통신에 의한 대화가 부지불식간에 녹음되고, 동시에 노출된 행동이 시기와 장소를 가리지 않고 의도하지 않게 촬영 당할 수 있다. 심지어는 곳곳마다 있는 감시용 또는 정보수집용 CCTV에 노출되는 상황에서 공공기관의 전자자료 등이 가세하여 전자증거의 생산이 날로 늘어나고 있다. 앞으로 재판에서 종래의 문서 위주의 증거제출에서 이제는 전자물 위주의 증거제출로 새롭게 변화될 것이 예상되므로 그에 따른 대비도 서둘러야 할 것이다. 위에서도 언급하였지만 전자 문서의 안전성과 진정성의 확보를 위하여 전자 문서 작성방식과 일반문서 작성방식을 혼용하여 문서 내용의 중요 부분은 필수적으로 자필작성을 권고하는 것은 어떨까 생각된다.

　전자 문서의 활용이 시대적 대세이므로 재판방식도 이에 상응하는 방향으로 변해야 한다면 판결문과 입회 조서도 전자문서화 되는 것이 필요하다. 이제 지면 기록 시대를 뛰어넘어 전자기록시대로 대전환을 해야 할 것이다. 지금은 부분적으로 시도되고 있으나 앞으로 재판과정도 완전한 전자기록시대가 펼쳐질 것이 분명하나.

　법원에서 전자기록시대를 선도해 나간다면 법원 밖에서도 자연적으로 전자문서가 정착될 것이다. 녹음계약, 화면계약, 이메일계약, 텔레콤계약 등이 이루어질 것이다. 이에 따른 기술과 방법이 다양하게 발전할 것이다. 특히 질병 예방과 안전 확보, 경제적 고려로 대면 시대에서 비대면 시대로 전환이 불가피한 현실에서 우리의 삶의 방식이 바뀌는 것과 함께 인터넷과 인공지능 시대의 도래로 재판 방식도 새로운 방향정립이 절실히 요구된다.

전자기록시대에 상응하는 재판방식의 변화도 불가피하다. 대면재판에서 비대면 화상재판위주의 전환과 필요적 준비재판(서류재판, 인공지능재판)을 거쳐 화상재판으로, 화상재판은 제1심 위주로의 전환을 위해(상소남발방지, 상급심부담감소) 단수재판관 보다는 다수재판관위주로 바꾸며 최종심을 집단재판(대법관 + 배심원)으로 변환시키는 발상도 필요하다고 감히 주장한다.

☞ 규정(안)

1. 전자기술로 제작된 증거가 자유롭고 진정하게 이루어진 것이 아니라는 확실한 사유가 없다면 증거능력이 있고 그 입증 책임은 상대방에게 있다.

2. 강요되거나 사용(범죄)목적으로 전자증거를 조작한 경우 그 강요자나 조작자는 3년 이상의 징역 또는 금고에 처한다.

3. 전자문서를 작성할 시 문서의 중요내용은 별도로 자필 할 수 있으며 인증을 위한 서명이나 날인은 직접 하여야 한다.

Chapter 4

제4 법정

법원의 속살 (본 대로, 들은 대로)

1) 법관들의 품평회

법원 직원들에게 비치는 판사들의 형태는 다양하다. 직접 경험한 것과 동료들로부터 들은 것을 토대로 특별한 순서 없이 기술하였다.

판사는 소양을 갖춘 객관적 평균인이어야 한다"라고 법대에서 강의하고 있는데 그 강의가 얼마나 실효적인지 우리 한번 살펴보는 것은 어떠할까 생각한다.

박 모 판사(후에 대법관까지 역임)가 인천 법원 근무 시(1985년) 소위 시국 관련 범죄(시위)로 즉결 처분에 넘겨진 대학생 7명을 무죄로 석방하자 당시 군부의 눈 밖에 나서 강원도 영월 지원으로 좌천되었다. 그 후에도 동류(同類 時國事件)사건 3건을 무죄 처리하자 공판검사들이 그에게 법원 직원들의 비리 수첩을 보이며 계속 그러면 모두 입건하겠다고 겁을 주었다 한다. 이에 박 판사가 "네놈들이 검사가 맞아?"라고 고함쳤으나 그 후 동료나 직원들이 다칠까 봐 조심할 수밖에 없었다는 박 판사의 고백을 그와 같이 근무했던 직원에게 들었다.

행정법원 행정과장으로 근무 시절 들은 이야기다. 한 직원이 모시는 김 모 부장은 언행이 너무 거칠다며 일례로 같이 근무하는 여

판사 앞에서 "OOO 여판사는 얼굴도 예쁘고 판결도 잘 쓰던데 당신은 얼굴도 예쁘지 않으면서 판결도 잘못 쓴다"라고 핀잔했다. 같은 부에 있는 남자배석은 그를 "죽일 놈, 살릴 놈" 하며 안 듣는 데서 욕을 하고 그 부장과 같이 근무하는 것을 너무 힘들어했다고 했다, 또 그 부장판사실에 근무하는 여직원이 인사이동 때도 아닌데 딴 부서로 이동시켜 달라고 청하여 그 이유를 물으니, 그는 잔소리가 너무 심하고 사적 심부름이 많으며 도저히 비위를 맞출 수가 없다고 하였다. 결국에 그 부장은 오래 못 버티고 사표를 쓰고 나갔다.

본인 스스로 민사소송법의 대가로 자부하는 이 모 부장판사가 재판 시, 소장의 내용이 부실했는지 당사자인 원고에게 "이 소장 어디서 썼느냐?"고 하니 당사자가 "사법서사에게 의뢰해 썼다"고 하자 또 "왜 변호사에게 의뢰해 쓰지 사법서사에게 의뢰했느냐?"라고 물으니 "돈이 없어서 변호사에게 못 갔습니다. 판사님이 이런 것까지 간섭할 권리가 있습니까?"라고 하며 대들듯이 하니 그 부장은 머쓱하여 낯빛이 붉어졌다고 당시 입회를 하던 고 모 사무관이 술회하였다.

광주지방법원의 어느 판사가 법정에서 당사자에게 반말 투 일 뿐만 아니라 막말을 너무 심하게 하자 욕을 먹은 당사자가 판사를 상대로 100원의 손해 배상청구 소송을 제기했는데, 그 이유는 그 판사의 부적절한 언행으로 인해 심한 정신적 충격과 상처를 입었기 때문이라고 했다. 특별히 그 판사에게 창피를 주어 버릇을 고치기 위해 소송했다고 변론기일에 법정에서 진술했다는 소문이 서울까지 났다. (1990년)

요즘은 영장 전담 판사가 지정되어 있으나 예전에는 판사들이 돌아가면서 당직 명령을 받아 영장 심사를 했다. 그런데 영장 심사에 임하는 판사의 태도도 다양했다. 대부분 성실히 영장 심사를 하지만 일부 판사들은 당직 일은 아예 술 먹는 날로 알거나 더러는 마작이나 기박(바둑·장기·고스톱 등)을 하면서 영장 심사를 건성으로 하는가 하면 심지어 자기 집에서 영장 심사를 한 사례도 있다고 한다. 근무법원에서 아주 멀리 거주하는 한 판사는 자기 집에서 심사해서 일반직 당직자가 곤혹스러워했다는 소문은 전혀 거짓이 아니다. 한 판사는 룸살롱으로 영장 신청서를 가지고 오라 하여 갔더니 옆방으로 잠깐 나와 일사천리로 모두 영장을 발부해 주었다고 회상하였다.

법원 일반직은 배경 있는 사람들은 좋은 보직을 쫓아다니고, 배경이 없으면 요령이나 뇌물로 좋은 보직을 얻으려 하는데, 판사들도 배경이 있는 것과 없는 면에서는 그 격차가 많이 난다. 보직은 물론 승진에서도 배경이 크게 작용하고 내부적 배경뿐만 아니라 외부적(지역적·정치적) 배경도 작용한다. 큰 배경은 보직 뿐만 아니라 위인설관까지도 서슴지 않는다. 수도권이 아닌 지방 법원의 문 모 부장이 승진 때가 되었으나 정원이 모자라 승진하지 못하고 대기자가 되었을 때, 승진은 못 해도 서울로 오고자 했다. 그런데 자리가 나오지 않자 대법원의 한 유력인사가 그를 위하여 행정법원에 자리를 만들어 상경시켰다는 소문이 있었다. 그리고 또 어떤 부장은 승진심사에서 탈락되었으나 대학 동문이 대법원장이 되자 승진이 바로 되었다는 말도 들었다.

필자가 모 지원과장으로 재임 당시 권위적 이기로 소문난 김 모 원장은 모든 직원에게 정장 복장을 요구하였다. 결재 라인에 없는 주임도 양복을 입도록 지시해 하급자들의 불만이 많았다. 그 후임 유 모 원장은 퇴근하고 과장이나 계장을 불러 저녁 먹고 술집에 다니면서 같이 어울리는 직원은 좋은 보직을 주었다. 이를 좋다는 직원 반, 싫다는 직원 반이었으나 판사들로부터는 많은 비난을 받았다. 그리고 그 원장의 부장 시절, 모 주임이 복장 불량으로 판사실을 출입한다고 책망하자 그 주임은 기록을 책상에 내팽개쳤다. 그러자 사무국장에게 지시해 1개월간 직위해제하는 징계를 받도록 하였다. 그러나 집에서는 부인과 서로 반말하는 것이 법원 내에 알려져 집밖(직장)에서는 권위를 찾으나 집안에서는 권위를 숨겨두었다는 비아냥 소리를 들을 수밖에 없었다.

최 모 원장은 대전 법원 재직 시 직원들이 원장 생일날 원장실로 생일 선물과 케이크를 가져가니 집으로 가지고 와야지 사무실로 가져오면 되느냐고 하면서 잠시 기다리라고 한 후, 부인을 불러 같이 케이크를 잘랐다고 하며. 그 원장부부의 30주년 결혼기념일에는 수석 부장, 사무국장, 총무과장을 불러 안면도 기념 여행(관광)을 다녀왔다고 했다. 공사를 구분 못하는 것인지? 직장과 가정을 동일 시하는 건지?

1996년경 수원 법원에 근무했던 모 원장은 하도 일반직을 괴롭혀 원장이 사무실에 들어오면 모두 의자를 돌려 앉아 쳐다보지도 않았다고 하였다.

판사는 직위가 높을수록 권위적이지만 직위 낮은 판사도 마찬가지인 것 같았다. 어느 단독 판사가 지방에서 서울 전입 첫 출근 날 정문에서 수위가 판사인 줄 모르고 인사하지 않자 호통을 쳤다. 수위는 "원장과 부장들을 신경 쓰느라 알아보지 못했다"라고 변명을 했다고 한다. 사실 서울 법원에는 판사가 매우 많아서 수위는 새로 온 판사들을 바로 다 알아볼 수도 없는 것이 현실이다. 지방 근무만 한 그분은 서울법원에는 부장 이상만 인사를 챙기는 것도 사실 쉽지 않다는 사정을 잘 몰랐기에 일어난 해프닝이었다. 이와 달리 검찰청 공판담당검사는 공판 참여로 법원에 다니게 되면 우선 경비실을 찾아 인사를 하고 명함을 주어 이름과 얼굴을 알린다고 한다.

이 모 의정부 지원장(E.Y.J.)은 평소 학구적이며 저서도 많이 발간하였고 더불어 대학 강의도 하였다. 늘 오전 7시에 출근하기에 부속실 여직원(2명)이 그보다 먼저 출근해야 했다. 겨울에는 새벽부터 난방을 시작해야 했고 여름에는 출근 시간에 맞춰 냉방을 해야 함으로 해당 직원(총무과장·관리직원·기사 등)들이 애를 먹었다. 이런 일로 과외의 예산이 낭비된 것이다. 지원장은 매일 재판하지 않으며 행정업무도 그리 많지 않은데 조기 출근하여 직원들을 괴롭히고 예산을 낭비하는 이유가 공무(재판·행정)가 아닌 사적 용도(외부강의)인 연구와 저술 활동 때문이라는 소문이 자자했다. 결국에 그 사실을 알게 된 인사권자(대법원장)가 "그럴 바에는 나가서 살라"라고 하여 자의가 아닌 불명예 퇴출을 당하였다.

내가 모셨던 모 원장이 사석에서 한 이야기다. 변호사와 운전기사

간 관계가 서로 안 맞아서 헤어질 때는 변호사의 탈세나 사생활 문제로 협박당하여 돈 뜯기는 사례가 많다고 하였다. 비단 변호사뿐만 아니라 고위직(고등부장 이상) 판사들도 운전기사 잘못 만나 고생한 사람이 있다고 했다. 그래서 그들은 운전기사를 행사 자리나 회식 저리에 데려가도 절대 동석시키지 않는 불문율이 있다고 하였다.

2002년 말경 내가 서울지방법원 총무과장 재직 시 소속 집행관과 집행담당판사들과의 정기 간담회에 이 모 집행 담당판사(E.H,D)가 뒷깃선이 터진 상의에 뒷 굽이 접힌 구두를 신고 볼썽사나운 차림으로 참석하였다. 판사의 품위를 전혀 볼 수 없는 자세였다.

성남지원 총무과장으로 재직 시 농땡이 판사들이 여타 법원으로 전근 갈 때가 되면 소위 '깡치' 사건을 두고 갔다. 민사 1단독 판사였던 김 모 판사는 장기간 진행하던 사건 11건을 두고 가버려 당사자들로부터 진정을 받아 대법원 감사관이 조사했다. 정 모 판사는 판결은 해 놓고 판결문 작성을 2개월간이나 미루어 조사를 받았다,

서울지방법원 재직 시 민사담당 과장들은 조정위원을 겸직하고 있었다. 판사들이 담당사건 중 약간 까다로워 판결이 쉽지 않은 사건 중에 조정이 가능한 사건들을 조정 회부 결정을 히고 조정위원들에게 하루에 2~3건씩 넘겨준다. 유독 10단독의 조 모 판사는 하루에 8건을 넘겨 수임 조정위원(과장)이 감당이 어려우니 재고를 요청하자, 10건을 넘겨서 담당자가 애를 먹었다 한다.

대법원 민사과장 재직 시, 형사단독 참여계장 시절 판사로 모셨던 모 판사가 변호사를 개업했다. 그의 개업 축하 인사차 찾아가 식사

하며 이런 저런 얘기 중 현직 생활 중에서는 몰랐는데 개업하니 일부 판사들이 거만한 모습을 자주 본다고 하면서, 자기도 재조(在曹) 근무 시 그런 모습을 보였지 않나 싶다며 필자에게 물었다. 웃으며 그런 태도는 없었다고 하자 "믿어도 되ᄂ냐?"고 해서 믿으라고 해주면서 "박봉에 일만 많이 하면서 그런 재미라도 있어야 하는 것 아니냐" 하니 거만을 떨지 않아도 대접받는 재미는 충분하다고 하였다.

판사들의 권위적 태도가 지나치면 입방아에 오르기 쉽다. 권위적이고 양반티를 내기로 소문 난 권 모 원장은 결재를 위해 원장 자리에서 소파로 이동할 때 여직원에게 원장 책상에 있는 찻잔을 소파로 옮겨달라고 할 정도로 권위적이었다. 한문 실력을 보이려고 판결문도 어려운 한문 투의 난해한 판결문을 쓰기로 소문나 있었다.

그가 고등법원 부장 시절 세상을 떠들썩하게 한 전두환·노태우 사건의 주심을 맡아 선고한 판결문 중 가장 재미있게 본 구절은 장세동에 대한 것이었다.

"막중(莫重)한 공직(公職)의 책임(責任)을 사당(私黨)의 은고(恩顧)보다 아래에 두었다"라고 하면서 "참월(僭越)하는 뜻을 시종(始終) 추수(追隨)하여 영화(榮華)를 나누고 업(業)을 이었으나 수창(首唱)한자와 추수(追隨)한자 사이에 차이(差異)를 두지 않을 수 없어 감1등(減一等)한다"라고 판시하였다.

이는 주범인 전두환과 형량의 차이를 두는 이유를 밝히는 대목이다. 한문에 박식하지 않고서야 이해하기 어려운 판결문이 아닌가?. 별도의 해설문이 따라야 할 판이다. 그는 고집불통이기도 하지만 성질도 남달리 까다로웠다. 서울고등법원 총무과 근무 때도 그 부장판사실에 근무하는 여직원이 전근 가자 그 판사실로 가겠다는 여직원이 없어서 애를 먹은 일이 있다.

사법연수원에 근무 시, 수석 부장(O,B,S)의 장모 빈소에 주말인데도 연수원장은 총무과장을 통해 총무과 일반 직원들이 조를 짜서 빈소에 도우미를 하도록 명하여 휴일도 못 쉬었다고 불만이 터지기도 하였다. 어느 교수가 외국 연수 나가는데 국·과장들이 공항전송을 나가지 않았다고 총무과장을 불러 호통을 쳤다, 전에는 정작 원장 자신이 해외 나갈 때는 아무도 나오지 말라 하였기에 그리 하였던 것인데 딴소리를 한다고 총무과장이 볼멘 소리를 하였다. 본인은 겸손으로 위장하고 남에게는 생색을 내는 그런 종잡을 수 없는 태도를 이해하기 어려웠다.

김 모 고등 부장판사(K. J. C)의 배석을 했던 어느 판사가 자기는 판결 초고를 되도록 부장에게 늦게 주는데, 그 이유는 초고를 부장에게 일찍 주면 부장이 고치고 수정해 자기의 의지가 변질 되는 것이 기분 나빠 그리 하였다고 하였다. 선고를 바로 앞두고는 그럴 여유가 없어 그대로 놀려순다고 하면서 부장판사들의 배석판사 다루는 형태는 제각각이지만 유난히도 본인 의중의 판결문을 유도하는 사람이 가끔 있다고 하였다. 특출한 능력이 인정되어 배석들의 칭찬 받는 부장판사도 있으나 대부분은 기분 나빠하고 수정이나 변경을 원치 않는 것이 자존심이 강하고 권위적인 판사들의 속성이라고 스스로들 말한다.

그러나 부장판사로 제일 귀찮은 것은 배석들의 판결문 지도라고 하는 것이었는데 어느 입장을 더 설득력 있게 받아들일 수 있는 것일까. 판결문은 판사들의 위대한 작품으로서 실력과 인품을 드러내는 독창적 창작물이다. 초임 판사가 능력 있는 부장판사를 만나 제대로 지도를 받는 것이 매우 필요하다. 유능한 부장판사를 만나 세심하고 다정한 지도를 받으면 행운이나 그런 행운이 쉽지는 않은 것 같았다.

판사들의 업무 스타일도 조금씩 다른데 판결의 주문을 미리 정해 놓고 판결 이유를 주문에 맞춰가는 스타일도 있고, 심지어 선고 후 판결문을 며칠 뒤에 작성하여 보내는 사람도 있다. 또 선고한 판결 중 상소(항소·상고)를 당해야만 기록과 조서를 확인하고 상소가 없는 사건은 마무리를 안 하고 팽개치는 사람이 더러 있다. 워낙 사건이 많기에 그럴 수도 있겠으나 재판에 대한 무성의와 무능력으로 비난을 받는 사례가 있었다.

* 위 사례들은 일부 판사들의 일탈이며 판사 대부분은 밖에서 보는 것과는 달리 격무에 시달리면서도 신속하고 공정·공평한 재판을 위해 신명을 쏟고, 당사자의 권익 보호에 최선을 다하는 모습은 가히 성직자에 가깝다.
  그러나 일부의 판사들의 지나친 비정상적 탈선행위는 판사의 위상과 품격을 손상하고 더 나가 사법신뢰까지도 떨어트리는데, 같은 조직원으로서 안타까움을 절절히 느꼈다.

2) 판사의 오판은 어떻게 처리하고 있나요?

오판한 사람은 멀쩡하고 오판 받은 사람은 너무 아팠다.

법원에서는 공판 중 진범이 잡혀 피소되어 재판 중인 피고인이 석방되는 사례가 있는데 광주지방법원의 이모(E. C. O.) 살인 피고사건이 1심에서 무죄, 2심에서 유죄였고, 상고심에서 선고 전날 진범이 붙잡혀 법원과 온 나라가 떠들썩했다. 해당 경찰관 4명이 파면당하고 2심을 맡았던 김 모 부장판사는 사표를 내면서 마무리가 되었다. 또 현직경찰관이 애인을 죽였다고 피소되어 1심 유죄, 2심 유죄, 3심 도중 어떤 강도가 수표를 사용하다 잡혀 여죄를 추궁 중 그가 진범으로 밝혀져 경찰관은 무죄가 선고되었다. 이는 억울한 사람이 고문에 못 이겨 억지 자백을 한 사례로서 일반인이 아니고 현직 동료 경찰관까지 고문해서 범죄자로 만드는 악랄한 경찰의 태도는 어떻게 봐야 하는지 할 말이 없다고 할 것이다. 유일한 자백은 범죄의 증거로 처벌 못 하도록 한 이유가 여기에 있으나 보강 증거까지 만들어 억지로 엮어대는 데야 할 말이 없다고 할 수밖에 없다.

형사사건 중 1년에 무죄가 1,000건 전후로 (1993년도 약 1,100건) 선고되는데 그 무죄 사건을 만드는 수사기관이나 억울한 피고인을 가려내지 못하는 판사들의 판단은 어떻게 설명이 되어야 하는지 법원에 있는 사람으로서 늘 마음이 아프고 괴로웠다. 무죄가 선고되었다는 것은 억울하게 무고한 사람이 죄를 뒤집어썼다는 것이고, 공판 중이나 선고 후에 다른 진범이 밝혀지면 결과적으로 오판을 했다는 것이다.

그러나 수사를 잘못했고, 오판했다고, 공개적으로 사죄하는 검사나 판사를 보지 못해 그들에게 양심이나 수치심이 있는지 의심된다. 더욱이 군사 독재 정권 시절의 허다한 고문과 억지조작으로 엮은 사건을 기소하고 심판한 검사와 판사들이 후일 줄줄이 재심으로 무죄가 났을 때 그들의 양심에서 어떤 반응이 일어 났는지 알고 싶었다. 자기들이 기소하고 재단한 억울한 무고인(무죄가 밝혀진 자)에 대하여 어떤 심정인지 알고 싶은 심정은 지금도 여전하다. 불교계의 유명한 명승 효봉 스님이 판사(L.C.H.)였을 때 사형 선고한 일로 크게 회의를 느껴 바로 사표를 내고 입산수도하여 세상과 절연하며 산 것을 그들은 전혀 남의 일로만 보고 있는지 묻고 싶다.

1년에 1천 명 정도(무죄 비율이 약 1%)의 무죄 사건이 발생한다는 것은 형사피고 사건이 무죄로 선고되면 해당 수사 검사에게 중한(근무평정 상) 벌점을 주어야 한다. 3번 이상의 경우에는 퇴출(3진아웃제)시키는 정도의 중한 제재를 하여야 한다. 판사가 선고한 유죄 판결이 훗날 무죄로 밝혀지면 역시 중한 벌점을 주고, 같은 일이 3번 이상 발생하면 퇴출하는 정도의 강한 제재를 해야 한다. 이렇게 해서 억울한 죄인이 생기는 것을 예방 또는 감소하도록 해야 한다는 것이 나의 생각이다. 물론 결과로만 그렇게 하는 것이 전혀 문제가 없는 것은 아니지만 심정적 강제라도 할 필요는 분명 있다고 본다.

2019년 무죄건수표(전국)

제1심

계		합의		단독	
구속	불구속	구속	불구속	구속	불구속
142	6,726	78	757	64	5,969
6,868		835		6,033	

제2심

계		합의		단독	
구속	불구속	구속	불구속	구속	불구속
142	1,510	45	206	97	1,304
1,652		251		1,401	

2019년도 사법연감 자료

3) 우리나라 대법원(大法院), 貸法院(이름을 빌려준 법원)이었다?

✒

대법원은 그야말로 재판의 최종심으로서 권위와 신뢰를 인정받아야 하지만 군부 시대는 군부의 위세에 눌려 독립된 사법이 아니라 굴종하는 모습을 보여 명칭만 대법원이지 실제는 그 역할을 다하지 못했기에 붙인 이름이다.

우리나라 대법원의 기능과 역할에 대해서 회의적인 시각이 아주 많다. 지금은 아니라고 하겠지만 군사 독재 시절은 일선 법원은 물론 대법원까지 정부(군부)의 감시와 조정을 받았다. 위와 같이 사법독립을 제대로 지키지 못한 것뿐만 아니라, 대법원이 최종심으로서 역할도 제대로 하지 못했다는 비판도 면하지 못하고 있다.

2004년 구성된 사법개혁 위원회소속 어느 위원은 법원의 재판에 대해 최종심으로서 승복이 아니라 더 이상 불복할 수 없는 단계일 뿐이라는 혹평을 하였다. 아울러 어느 대학교수는 대법관이 재판하는 것이 아니라 그림자 법관(재판연구관)이 재판하는 것을 감독하는 정도라고 혹독한 비판을 하였다.

김재규가 대법원판결 후 최후진술에서 "나는 법원에서 제1심, 제2심, 제3심을 마쳤지만 제4심이 남아있다. 법원의 재판은 오판하나 하늘의 제4심은 절대 오판이 없고 진실이 밝혀진다. 나는 이제 제4심을 받으러 간다. 나는 대한민국의 민주화를 위해 위대한 혁명을 완수했으며 지금은 아닐지라도 분명히 훗날 민주화는 이룩될 것이다"라는 취지의 진술을 했다.

당시 13명의 대법관 중 6명(양병호·민문기·임항준·서윤홍·김윤행, 정태원)이 내란 음모가 아니고 단순 살인이라고 소수의견을 낸 것을 보아도 비록 죄인의 말이지만 그의 말이 전혀 의미 없는 것은 아닌 것으로 보인다. 이전이나 지금이나 대법원이 과연 위와 같은 비판에 아니라고 말할 수 있는지 묻는다. 최근의 양승태 대법원장의 구속 사태는 대법원이 아직도 비판받을 소지가 적지 않다고 본다. 당시 김재규 사건의 상고심은 담당 재판부(형사3부)가 합의에 이르지 못하고 전원 재판부에 넘겨져 치열한 격론 끝에 8 대 6으로 기각(다수의견:내란음모살인)되었다. 그때 소수 의견(단순 살인)을 낸 6명의 대법관은 김대중 사건의 재판을 앞두고 같은 일이 생길까 염려하여 강제 사표를 받아 퇴출당했고, 그중 양병호 대법관은 정보부 관하 서빙고 분실에 끌려가 고초를 받았다. 그때 다수의견을 낸 대법관 중 유 모 대법관, 이 모 대법관은 훗날 대법원장이 되었다. 다수의견을 낸 사람 중에도 소수의견이 법리상 맞으나 자기가 동참한다 하여 결과를 달리할 수 없기에 다수의견에 동참하였다고 후일에 고백하는 사람도 있었다 하였다.

이 같은 대법관의 행위는 소위 군부 시대에는 의례적인 것이 되었고 그러한 행태에 대하여 외부의 지속적인 비판이나 규탄하는 소리에도 대법관들의 태도는 달라지지 않았다. 권위와 양심을 저버리는 행위를 부끄러워하기는커녕 오히려 반박하거나 군부의 탓으로 돌리면서 비판을 비판하는 것까지 눈 뜨고 군소리도 못 하며 지켜보아야 했다.

2003년 9월에 퇴직하는 어느 대법관은 퇴직 연설에서 외부의 사법부 비판은 사법부의 권위와 위상을 흔들려는 불순한 의도일 뿐이라고 하면서 자기는 법과 양심을 지켜 후회가 없으며, 정치가 사법부의 독립을 유지하는 데 걸림이 되었다고 말하는 것을 보았다. 이는 사법부가 정치에 예속되어 스스로 독립을 팽개친 과거사는 잊은 것 같은 모습이었다. 그뿐만 아니라 일반직의 영역을 음지로 치부하고 판사들의 선민의식은 부추기면서 일반직을 차별하는 말을 거침없이 하고 나갔을 때 최고위직 대법관이 굳이 일반직을 대놓고 차별화하는 태도를 보여 마음이 씁쓸했다.

평소에 검약하기로 소문나 있었고 법관으로서 강직함을 갖추면서도 인자하기로 소문난 조 모 대법관이 2004년 8월 17일에 퇴임하면서 법원에는 "재판 외적 상황에 구애받지 않아야 하고 그러한 여건에도 불구하고 법관으로서의 책무에 충실해야 한다"라는 퇴임사를 후배 법관들에게 남기고 떠났다. 그도 그때까지 사법부가 온전히 독립하지 못하였음을 시사하고, 이후 극복하여야 할 과제라고 당부를 하는 것 같았다. 그는 소위 말하는 '쪽지 재판(군사 독재 시절 권력자로부터 재판에 관해 주문하는 내용이 적힌 지면을 말하며 실은 쪽지가 아니라 구두나 암시로도 재판에 관여하는 형태의 총체적 표현)'이나 '정찰제 판결(군부에 의해 미리 재판내용이 정해진 대로 판결하는 것)'에 어느 정도 자유로웠거나 시달림을 받지 않은 사람으로 알려져 있다. 그가 대법관으로 재임하는 동안 문민정부 시대라 거의 외부 제재를 받지 않았음에도 그런 내용의 퇴임사를 하는 심사를 미루어 알 수 있다 할 것이다.

군부 시절 소위 쪽지 재판에 길들어진 사람들이나 그 쪽지를 피해가지 않았던 사람들만이 출세하고 영달의 길을 갈 수 있었던 사실은 다 알려져 있다. 그때 동조하고 부역했던 그들이 지금까지도 용기 있는 고백이나 참회가 없는 것은 아직도 눈치를 보고 있는 것이 아닌가 싶다.

4) 보고 들은 대법관님들의 근무행태

대법관님들의 지위는 높았으나 인격은 높지 않았다.

　대법관들에 대한 많은 평이 돌고 있었다. 그들 대부분은 능력과 인품도 갖추고 있으나, 일부는 부족한 언행이나 능력으로 욕을 먹는 대법관도 있다. 늘 늦게 출근한다 하여 '지각 대법관', 매일 동방 빌딩(태평로 삼성 건물)에 있는 고급식당으로 점심을 먹으러 간다 하여 '동방 대법관', 기사들을 못 살게 하여 '기사 대법관', 재판연구관들의 조력이 없이는 판결문을 못 쓴다 하여 '가마 대법관', 판결문이나 문서에 비서관이 몰래 날인 할까 두려워 도장을 갖고 다니는 '지장 대법관', 늘 늦게 퇴근한다 하여 '월광대법관' 등의 정도로 소개 할 수 있다. 특이한 사례는 어느 운전기사가 모시는 대법관이 너무 사적으로 부리고 휴일도 지켜주지 않고 잔소리가 매우 심하여 어느 날 한강(반포대교)을 넘어가다가 차를 돌려 그와 함께 강물에 뛰어들고 싶은 충동이 생긴 때도 있었다고 한다. 그 대법관이 대법관 되기 전 법원을 옮길 때마다 기사들이 그를 기피하여 기사 배정이 힘들었다는 이야기가 늘 들렸다. 그러나 그는 정작 능력이 있다는 평가를 주위로부터 받았고 높은 사람의 비위를 잘 맞춘다는 소문도 났었는데 결국 최고의 출세를 하는 것을 보았다. 요즘 같아서는 구설에 말려 그렇게 출세 하지 못 했을 것 같은데?

대법관 중에서도 특출 난 사람이 있었다. 어느 대법관은 조깅 하면서 출근하고, 어떤 때는 양복을 거꾸로 입고 출근하기도 하며, 자기 의자를 출입구에서 등이 보이도록 배치하도록 했는데 그 이유는 잘 모르나 당시의 시국을 비관해 드러내는 행동으로 여겨졌다, 그는 소위 김대중 사건에 소수 의견을 내면서 사표를 냈기 때문이다. 또 민 모 대법관은 밖으로 들리는 소문에 판결 능력이 부족해 전원합의 때 그 실력이 드러나고 재판 연구관의 도움으로 직책을 근근이 유지한다고 했으나 소신은 있어 그 유명한 김재규 사건과 김대중 사건에서 소수 의견을 낸 대법관 6명 중에 포함되어 군부의 압력으로 강제 퇴직을 하였다.

군사 독재 시절 대법원의 대법관들은 선발부터 권력에 맞게 길들여졌다고 할 수 있으나 극히 일부 대법관은 기개 있게 행동하며 소신을 보였다. 그중 한 분이 이 모 대법관(E.I.K.)으로 담당 사건의 심리는 연구관에 의지하지 않고 직접 관여하였으며 다들 두는 비서관도 두지 않고 심부름과 타자하는 여직원만 두었으며 자기 소신에 맞지 않는 재판은 용기 있게 파기하였다. 그를 회유하기 위해서인지 아니면 소신 있는 그를 보기 위해선지 모르나 대통령이 불렀는데도 가지 않아 사람들이 놀라기도 하였다고 한다.

모 대법관(박)은 토요일 자녀 결혼식에 관용 미니버스를 사용하였고, 본인의 관용차의 수리 기간 동안 중형급 캐피탈이 배정되자 대법관의 체면을 상하게 했다고 화를 냈다는 사실도 알려졌다.

고위직 판사들의 배우자도 때때로 권세를 부리는 사례가 있다. 모 대법관의 자녀가 서울 법원 종합청사 복지관에서 결혼식을 하면서 상당한 거리에 있는 법원행정처 식당용 의자 50개를 하객 접대용으로 법원 종합청사 복지관 벚꽃 나무 아래에 진열해 달라고 했다. 담당과장은 고민 끝에 결혼식 후에 뒷말이 날것을 이유로 대법관을 설득해 그만둔 일이 있었다. 또 일부 대법관 부인들은 공용 기사를 자가용 기사 다루듯이 하는 것은 그렇다 하더라도, 직원들까지 사적인 일에 쓰려는 사고방식은 남편의 권세를 이용하는 잘못된 사고방식에서 나온 행위일 것이다.

대법관이 되는 것은 물론 인품과 실력이 있어 추천을 받아서 되는 것이지만 관운도 있어야 한다는 것을 누구도 부인하지 못할 것으로 생각한다. 대법관은 실력과 덕망을 갖추는 것만으로는 안 되고 출신성분(지역, 노선)과 배경 없이 기회가 돌아오지 않는다. 전문성·국가관·성비·출신대학 등 다양한 선발 과정을 거쳐 임명된다. 모든 판사들이 고등부장이 된 후부터는 최고의 선망인 대법관이 되기 위한 노력을 한다. 일찌감치 점 찍히는 사람도 있으나 경쟁자들의 견제를 받아 오히려 해가 되는 수도 있다. 평소 거론되지 않던 사람이 모두의 예상을 뛰어넘어 임용되기도 한다.

개중에는 눈에 띄게 안달하는 사람도 있다. 특히 제청권자와 임명권자에게 아부하는 사람도 있다고 들었다. 김 모 법원장은 부산지방법원으로 발령이 나자 관내 초도순시를 하면서 당시 대통령의 선친

묘소를 참배했는데 후일 대법관이 되기도 했다. 대법관이 되기 위한 처절한 몸부림이 안타까울 정도인 것을 보고 듣기도 했다.

대법관이 되려고 애쓰는 사람들은 흔히 보았으나 대법관을 추천 받고 사양했다는 말을 들어보지 못한 것이 아쉽다. 아니 들을 수가 없는 것인가. 또 대법관을 하다가 부당한 외부의 압력에 항거하고 박차고 나오는 사람도 보지 못했다. (쫓겨 나는 사람은 봤지만) 분명히 있을 법한 상황이 있음에도 말이다.

대법관이 사회적 정의 관념을 지나치게 넘어서지 않고 시류에 영합하는 판결을 하는 것은 어느 정도 용인될 수 있으나, 정의와 양심을 저버린 채 권력에 눈치를 보거나 아예 권력에 굴종하는 판결을 한다면 사법부의 독립과 권위를 스스로 무너뜨린 것이다.

군사 독재 시대에 그러한 모습을 보였고 그러한 행위를 하였음에도 훗날 반성하는 자세가 안 보이는 것은 너무 안타까운 일이다. 그 후회 없는 뻔뻔한 행위들을 그들이 지금 어떤 식으로 어떤 마음으로 정리하고 있을지 정말 궁금하다. 대법관이 되기 위해 애쓰는 것은 당연하다지만 대법관이 되고 나서 의연하지 못한 모습을 보이는 것은 무엇 때문에 대법관이 되려고 하였는지 묻고 싶다.

위 사실을 뒷받침하기 위하여 한 가지 사실을 소개하면, 모 대통령의 처남 이 모씨(구속 영장 발부 법관 사표 수리, 1986년)가 입건되어 대법원에 상고 되자 유례없는 속결 재판을 해서 화제가 되었다. 그때 재판부마다 수백 건의 사건이 밀려 있어 순서대로 한다면 1년도 더 걸릴 사건인데, 소문에 의하면 믿기지는 않으나 당시 장차 대법원장으로 유력한 김 모 대법관에게 배당하여 그렇게 하였다는 것이다.

대법원의 판결이 잘못되거나 실수하는 사례가 없어야 하지만, 대법관들도 사람인지라 가끔 실수가 있는 것이 사실이고 그런 경우 덮는 경우가 대부분이다. 정말 어처구니없는 실수[선고기일 전 (이 모 대법관)선고, 합의 내용 선고 전 유출, 결정문에 주문이 없는 사례 (68마3642, 3591 등)]가 있었음에도 아무 일 없었다는 듯이 지나는 것을 보면 대법관도 뻔뻔한 면이 있어야 하는가 생각이 든다.

대법원은 워낙 업무량이 많아서 대법관이 되어 좋은 날은 3일뿐이라 한다. 임명 소식을 듣는 날, 임명장을 받는 날, 첫 출근 하는 날뿐이고 다음 날부터는 일에 묻혀 지내기 때문이다. 그래서인지 상고사건의 심리 불속행 처리(약 80%)가 많고 재항고 등 부수 재판은 비서관이나 전속 재판연구관이 전담 처리하면서 대법관은 세세한 기록 검토 없이 도장만을 찍는 사례도 있다는 것이 공공연한 사실로 알려졌다. 특히 검사 출신이나 재야(변호사·교수)출신 대법관은 업무를 수행하는 데 초기에는 보통 고생을 하는 것이 아니고 재판연구관의 도움 없이는 감당이 어렵다는 것이 현실이다.

대법관이 비록 심리재판(본안) 아닌 부수 재판(재항고·심리 불속행기각 등)이라 할지라도 재판 연구관의 의견대로 결정하는 것은, 일이 많다는 이유로 용인될 수는 없으나 워낙 많은 상고 사건의 처리상 불가피한 일면이 있다고 느껴진다. 그러기에 대법관의 증원이 필요함에도 수가 많으면 희소성이 떨어져 권위와 가치가 추락한다

하여 대법관 수 증원에 결사적으로 반대하는 모습은 가히 애잔한 느낌이 든다. 희소성을 앞세워 권위와 명예를 즐기는 것인가 싶다. 산이 높다 하여 명산일 수 없고 물이 깊다 하여 명수일 수 없듯이 대법관의 높은 지체라 해도 대법관의 빼어난 능력이 있다 해도 인격과 품격까지 다 갖춰질 수는 없겠지만 양심 없는 행동이나 품격을 잃어 우리를 실망하게 하지 않았으면 얼마나 좋을까.

전통적 보수성향인 대법관 군에서 진보 성향의 대법관을 소위 독수리 5형제로 칭하며 그분들의 소신을 칭송해 주는 시대가 왔다. 하지만 사법독립을 못 지킨 과거 부끄러운 행적을 지닌 분들은 지금 대법관(貸法官) 형제들로 법원 호적에 등록시켜야 하지 않나. 아니면 사법 독재 부역자 명부를 작성하여 공개하든지 최소한 공식적인 반성은 있어야 하지 않을까 생각한다.

5) 시국사건을 대하는 판사들의 꼴

시국이라는 게 아픔이었으나 기회이기도 했다.

필자가 입회하던 1980년대는 군사독재시절로 많은 반독재 시위 사건, 소위 시국사건에 양심과 정의를 앞세워 소신껏 재판하기는 정말 어려운 일임을 보았다. 시국사건의 피의자들을 구속 청구 시 영장을 기각하거나, 무죄 판결을 하거나, 검찰 측의 기대 이하로 가벼운 처벌을 하는 사례는 당연히 상부로부터 질책과 문책을 하던 시절이기에, 의연히 양심과 소신을 지킨다는 것은 일종의 도전이자 항명이었다.

그러나 그 시절에도 꿋꿋하게 정의와 양심을 지킨 판사는 더러 있었고, 그러한 재단을 한 후에는 과감히 옷을 벗었다. 아니 벗을 수밖에 없었던 것 같았다. 옷을 벗지 않으면 좌천되거나 재임명에서 탈락했다. 내가 알기로 장 모 판사, 박 모 판사, 송 모 판사는 시위사건을 무죄 판결하고 바로 사표를 썼다. 그들은 훗날 변호사로서 성공하였고 정치판에 들어가서도 성공을 한 것을 보면 용기 있고 의로운 결단이 결코 후회되는 일이 아님을 알 수 있었다.

가정법원 근무 시 같은 법원에 근무하던 송 모 판사가 갑자기 사표를 냈다. 그가 수원지방법원에서 대학생 시위사건을 심리하면서 공명심에 미친 사법경찰과 그들이 위장 투입한 가짜 대학생(경찰이나 민간인을 대학생으로 위장)이 내부 학생들을 선동하여 대북 찬양을 하고 기물 파괴를 하도록 유도하자 멋모르고 시위에 참가한 학생들을 반정부 시위자로 몰아 기소한 것을 알게 된 그가 직권 증인을 불러 뒤집고 무죄를 선고하였다. 이 일로 사표 압박을 받아 못 견디고 나가게 되었다.

시국사건과 관련하여 별난 소문들이 많지만 해프닝도 더러 있다. 세상을 떠들썩하게 했던 임수경 사건은 임수경이 법원 일반 직원의 자녀인 것도 법원 내서 화제였다. 하지만 재판받으러 법정 입장 시 방청객들이 꽃가루를 임수경에게 뿌려 환호성이 터지는 등 소란이 났었다. 그 일로 다음 재판 시에 방청객들은 일일이 검색을 하고 특히 여자 검색원을 배치하여 여자들을 몸수색까지 했다. 그런데도 또 꽃가루가 뿌려지자, 방청한 대학생들을 모두 감치시키고 개별로 문책하려 하자 남자들은 여자들이 한 일이라고 떠넘기며 법정에서 소란을 떤 것은 잘못했다고 빌어 모두 석방되었다.

그러나 여자들은 굽힘이 없어 감치를 불사하였다. 여자들은 남자들과 달리 강한 의리를 보였다고 당시 법정 경위와 청원경찰이 그 사실을 주변에 알려 알게 되었다.

노무현 대통령이 의원 시절인 1996년경 노조원들의 활동을 돕고 변호했던 일이 제3자 개입 건으로 입건되어 3번이나 구속영장을 검사가 청구하자 당시 부산지법 영장 담당 판사 손 모 판사 등이 이를 모두 기각했다. 그러자 검사가 영장을 들고 판사를 찾아와 발부해 줄 것을 사정하며 판사실에서 버티니 나가라고 해도 나가지 않자 밀쳐 내고 문을 닫아버렸다는 소문이 서울까지 났다.

당시 시국사건의 영장 발부 기계 판사들은 승승장구했으나 그들은 옷을 벗었거나 한직으로 내몰렸다. 그때를 되돌아보면 시국사건에 대한 수십 건, 수백 건씩의 구속영장을 100% 발부한 판사(영장 발부 기계)가 대부분이나 한두 건 기각으로 겨우 기계 판사를 면하려 했던 판사도 있었다. 그 시절 소신과 양심을 지키기는 판사직을 걸어야 했으니 얼마나 어려웠을까.

건국대학교 시국 시위사건으로 수십 명이 체포되어 검찰이 남부지원에 영장을 청구하였다. 당시 영장 판사인 구 모 판사가 9건을, 김 모 판사가 3건을 기각하자, 영장 심사 중 사무실 복도에서 대기 중이던 검사 5명이 구 판사에게 영장 기각에 대해 항의했다. 그러자 구 판사가 대꾸하기를 증거가 없어 모두 기각하려다가 당신들의 사정을 봐서 그것이라도 건진 것(영장 발부)으로 알라고 하니 멋쩍어하며 물러서더라는 소문이 퍼졌다. 당시 구속 학생이 너무 많아 법원별로 나누어 영장 청구하였고 판사들 대부분은 영장 발부 기계라는 소리를 들었다.

1991년도 인천지방법원 국정 감사 자료에 의하면 당시 인천지방법원에 계류된 소위 시국사건이 77건이었고 해당 피고인이 모두 구속자였다. (100% 영장 발부) 공판 결과 60%는 집행 유예나 선고 유예로 풀려났으나 보석은 한 건도 없었다. 일반 사건의 영장 발부율이 약 88%인 것과 비교하여 설명이 어려운 이유는 당시의 시국 분위기에 있을 것이다.

　법관들이 시류를 탄다는 말이 있고 시류를 잘 타야 대망의 대법관이 된다는 말은 그저 하는 말이 아닌 것이 군사 독재 시대를 지나면서 구체적으로 확인되었기 때문이다. 시류는 출세를 위해 타는 것만이 아니라 재판 과정에서도 많이 타는 것이 보인다.

　예컨대 제5 공화국 시대의 헌법위원회가 있을 때는 위헌 법률 제청을 군부 눈치 보며 하지 못하다가 문민정부 시절에 헌법재판소로 변경되자 위헌 제청이 쏟아져 1년에 수백 건씩 제기되었음은 판사들이 시류에 민감함을 보여준 사례다. 판사라 하여 시류에 외면만 하고 살 수는 없으나 지나친 시류 편승은 높은 자존심과 선민의식에 손상이 가지 않았을까? 지금도 시류 편승은 여전히 있는 것 같다.

　군사 독재 시절에 서울에서 근무하던 강 모 여판사는 시국사건을 맡으면 관대하게 처리(집행 유예·공소기각·훈방 등)해 소속 원장이 골치 아프게 여기다가 대법원에 부탁하여 가정법원으로 전보했다. 그러나 일 년 반 후에는 부산으로 쫓겨났다. 여자로서 강골 법관으로 유명하였고, 필자가 연수원에 재직 시 어떤 행사에 갔을 때 그녀를 볼 기회가 있었는데 역시 여장부다운 기기가 있어 좌중을 휘어삽고 있었다.

　그녀와는 다르게 시국사건의 재판에 상부의 지시에 순종하는 판사들이 대부분이었다. 세간을 떠돌았던 소위 '9사단 이지문 중위 사건'을 재판할 때 비공개로 재판을 열고 헌병들이 법정에 배치되는 등 가히 군사 법정 같았다. 그러한 행태를 변호인(장 모 변호사))이 항의하자 헌병들이 변호인을 밖으로 쫓아내는 불상사가 일어났었다. 이로 인해 변호인이 재판부 기피 신청을 하였을 뿐만 아니라 서로 고소사태까지 벌어졌었다.

6) 판사들의 엉뚱한 면들(ㅎㅎㅎ)

광주고등법원 원장이 배 모 원장이고 광주지방법원 원장이 배 모 원장이었는데, 같은 배 씨인데도 둘 사이가 매우 나빴다. 고법 배 원장은 괴짜이기로 소문이 났는데 그 이유는 당시 광주시장 차량 번호가 '나1111'이고 자기 차량 번호는 '가1111'인데 시장과 번호가 같아서 기분 나쁘다고 바꿔 달라고 하여도 바꿔주지 않자 차량 번호를 반납해 버렸다는 것이다.

예산을 아끼기로도 소문이 났는데 법원 관리비·업무비 등 예산을 아끼려고 애쓰면서 되도록 건물수선을 피하고 사무용품 사무기기 등의 구입을 자제하여 직원들이 불편을 많이 겪는데도 예산을 억지로 아껴 반납하자 반응은 칭찬 반 조롱 반이었다. 그러나 실상 그는 자기가 쓸 돈이나 받아갈 돈은 모두 챙겼다는 뒷말도 무성했다.

판사들이 일반직을 무시하는 사례는 다반사라 놀랄 일도 아니지만 아주 볼썽사나운 사례도 있었다. 윤 모 부장(Y. S. Y.)은 평소 일반직을 심하게 차별하였다. 눈이 많이 온 어느 겨울, 눈으로 길이 막혀 담당 입회관인 김 모 계장(K. C. S.)이 입정 시간이 되었는데도 보이지 않자 담당과장에게 김 계장이 안 나왔으면 법정에 김 계장 대신 막대기라도 세우라고 호통을 쳐서 임시로 다른 사람을 대리입회 시켰다. 그 대리가 입회 후 하는 말이 "내가 막대기 노릇하고 나왔다"라고 하였다는 데 그 막대기가 나의 임용 동기였다.

1990년도에 서울지방법원 북부 지원에 근무하는 김 모 판사가 법정에 출입 시 슬리퍼를 신고 다닌다고 신문에 나자, 모 부장판사가 "그러지 말라"고 충고를 하였는데도 오기를 부리고 계속 신고 다녔다. 그래서 동료 판사들이 "왜 그러느냐?"고 물으니 신문에 한 번 더 나라고 그런다고 했다.

예전에는 판사들이 외부로부터 술대접·골프 대접 등을 받는 사례가 많고, 특히 변호사로부터 유사한 대접을 받는 것은 대접이 아니라 당연시했다.

필자가 입회할 때(1983~90)도 재판이 끝나면 늘 상 친분 있는 변호사가 판사에게 저녁 사겠다고 청을 넣는 것을 보았다. 우리 앞에서는 대부분 거절하나 자기들끼리는 스스럼없이 만난다는 것은 만인 공지의 사실이다.

2000년 8월 7일 자 모 신문에 기사화된 사례다. A 판사의 부인이 자기 남편이 직원들과 같이 불법 영업을 하는 단란주점에서 외부의 술대접을 받았다며 이를 용서할 수 없으니 기사화해달라는 부탁을 받아 쓴 기사가 "내 남편을 고발합니다"였다. 그 A 판사는 결국 사표를 냈다. 단란주점에서 술 마셨다고 사표를 낼 정도라면 판사치고 사표를 안 낼 사람이 없다고 할 것인데 사표를 낸 A 판사의 처지를 본 다른 판사들은 어떻게 생각했을지 궁금하였다.

필자가 1991년경 사법연수원 재직 당시 연수원장 김 모 원장은 연수원장으로 오기 전 지방법원장을 할 때에 판사나 직원 관리, 감독보다 법원 살림살이에 더 관심이 많았다. 특히 청사를 고치고 기물

2000년 8월 7일 자 모 신문의 '내 남편을 고발합니다'라는 제하의 기사

을 바꾸는데 많은 신경을 쓴다는 소문이 돌았던 사람으로 연수원은 규모도 작고 기물도 별로 없어 궁금하던 차, 어느 날 사무관들이 쓰던 의자를 모두 바꿔주는데 사무관이 쓰던 의자는 연수원 교수들이 쓰던 의자를 더 좋은 것으로 바꾸어 버리기 아까워 사무관들에게 물려 쓰게 한 것으로 아직 멀쩡한데 느닷없이 바꿔버렸다. 그것도 사

무관이 쓰던 의자를 계장들에게 주었는데 바꿔준 새 의자는 크기가 작고 계장에게 준 의자는 크기가 커서, 직급 낮은 사람의 의자가 더 큰 모양새가 우습기에 사무관들은 모두가 불만이었다. 사무관들의 불만을 알고 연수원장이 사무관들을 원장실로 불러서 "새 의자는 정부 조달품으로 좀 더 큰 의자를 주문했으나 품절이라 그것으로 교체했으니 양해해 달라"라고 했다. 그러한 설득에 아무 대꾸도 못 했는데 며칠 후 계장 의자도 모두 교체하고 그 전 의자는 모두 불용 처분하였다. 역시 과거에 하던 대로 하는 사람인 걸 알게 되었고 법원 예산을 그렇게 제멋대로 사용하는 버릇이라면 법원장의 책무를 제대로 못 하는 사람이라 할 것이다. 그런데도 대법관이 되려고 애쓴다는 소문은 파다했다.

강원도 어느 법원의 박 모 판사(B. S. J.)가 입회관의 조서는 재판기일마다 작성하여 판사의 서명을 받는데 서명을 계속 미루다가 판결이 끝나면 마지막에 하면서 조서가 자기 기억과 다르면 그제야 고치라 하여 입회관이 곤혹스럽다고 하소연하였다. 게다가 직원들이 알도록 변호사들을 불러 용돈을 요구하고 수시로 사무과장에게 골프 부킹을 부탁하는 등 소행이 너무 볼썽사나워 비난이 많았다. 결국 옷을 벗고 변호사 사무실을 개업 했는데 개업 초 사건수임료를 일천만 원 이하로는 받지 않았다고 한다. 그러면서 그가 수임한 형사 피고인의 보석을 청구하였는데 담당 판사가 기각하자 그 판사를 찾아가 울면서 하소연을 하는 등 추한 모습을 보였다고 한다. 더하여 판사 시절에는 사람 취급도 하지 않던 법원 수위들에게 변호사 개업 후에는 꾸벅 절을 하며 출입하였다고 한다.

그러나 같은 법원에 근무하던 다른 박 모 판사(B. C. H.)는 시국사건으로 고위층에 미움받아 좌천되었음에도 전혀 다르게 행동하여 동료 판사와 직원들의 칭찬이 자자하였다. 피의자의 인권 보호를 위해 구속영장이 청구되었을 시 그 적부를 심사하기 위해 직권으로 피의자를 불러 보기도 하는 등 판사로서 사명감을 지니고 열심히 재판에 임하는 올곧은 판사의 모습을 보였다. 같은 법원에서 이러한 동료 판사의 모습이 그의 눈에는 전혀 보이지 않았던 모양이다.

서울고등법원의 고 모 부장은 어느 날 입회 사무관을 불러 자기가 이미 승인한 건물 감정비(100만 원)가 과다하게 책정되었으니 감액 조정하라고 지시하면서 느닷없이 "입회 사무관의 봉급이 얼마요?" 하고 물어 "내 봉급을 왜 묻습니까?" 하니 "감정사가 턱없이 과하게 감정비를 받기에 비교하여 보려고 그런다"라고 하자 입회 사무관이 "변호사는 한건 수임에 수백 수천만 원씩 받는데 감정사의 감정비 일백만 원은 그것에 비하면 훨씬 적은 것 아니에요?"라고 하며 대꾸하자 겸연쩍어하더라고 하였다.

필자가 서울지방법원 민사 집행 과장 재직 때 어느 경매계상이 현직 부장판사가 찾아와 친척의 경매 사건을 잘 처리해 달라면서 금일봉을 주기에 받았다고 실토를 하였다. 그 부장도 친척의 청탁을 거절하지 못하고 일반직 직원에게 부탁한 것으로 보이지만 속마음은 편치 않았을 것으로 보였다. 그러나 자기 체면보다는 친척의 입장을 살펴주는 인간적인 면이 보여서 나쁘게만 생각되지 않고 그럴 수 있다는 생각으로 고개가 끄덕여졌다.

　지방법원장이 되면 관할 지원이나 등기소를 직접 감시 감독하는 사례가 많고, 원장이 직접 확인 차 수시 점검하는 사례도 있다. 어느 법원장은 등기소 직원의 친절도를 점검해 보려고 먼저 등기소장에게 민원인 체하고 전화를 했더니 친절하게 응대하자, 한 시간 후에 다시 전화해도 역시 친절하게 응대하니 법원장임을 밝히면서 민원상담을 친절하게 잘하고 있음을 칭찬했고. 얼마 후 정기인사 때 영전을 시켰다는 것이고, 또 등기소 숙직 상태를 직접 점검하기 위해 야밤에 등기소 담을 넘어가 숙직자를 감찰하기도 했는데 그 사실을 다른 법원장들에게 자랑했다는 소문이 있었다. 그 원장은 그런 일로 누구의 칭찬을 받을 생각이었을까. 아니면 그러는 것이 원장으로서 합당한 소임으로 알았을까.

　2000년경 필자가 서울지방법원 본원 재직 시의 일이다. 동부법원의 비송담당판사가 두 사람 있었다. 과태료 부과에 대한 일정한 기준이 없어 제각각이었고 동일 사안임에도 차이가 커서 민원 소지가 있을 것을 주변에서 염려하였다. 결국 같은 지역 아파트의 건축법 위반 사안이 거의 동일 한데도 담당 판사에 따라 너무 차이가 나자 해당 주민들이 항의하며 민원을 제기하였다는 소문이 본원에까지 들려왔다.

7) 판사들의 콧대는 얼마나 높나?

　대체로 판사들은 일반직을 격이 다르다고 취급한다. 일반직을 부하 취급하는 것까지는 좋으나 선민의식을 넘어서서 동석 불가의 하등 인간처럼 대하는 판사들이 대부분이다. 반면에 속은 어떤지 모르나 같은 조직원이라는 입장을 인정해 주면서 되도록 대우해주는 판사들도 간혹 있기는 하다.

　배 모 판사(B. T. Y.)는 자기보다 연상의 입회 서기를 일을 잘못 한다고 군대에서나 볼 수 있는 얼차려(열중쉬어, 차렷!)를 시키고 법정에서 당사자가 태도 나쁘다고 무릎을 꿇게 하며, 빚진 피고에게 "딸이라도 팔아 빚 갚으라"는 말까지 했다고 한다. 또 형사사건에서 선고 형량의 기준을 알 수 없게 제멋대로 판결한다는 원성이 많아 그에게 형사사건 담당을 배제하였다고 한다. 결국에 그는 임관 10년 차에 재임명되지 않았다.

　판사들이 일반직을 무시하는 경향은 체념적으로 받아들일 수 있다. 하지만 역할까지 무시하는 데는 규정대로 대우 해 줄 것을 요구하는 일반직 강골도 더러 있었다.

　필자가 아는 장 모 사무관이 민사 합의부 입회 시 재판장이 사건 대리 변호사들을 판사실로 불러 화해를 시킬 때는 입회 사무관의 입회하에 해야 하고, 화해가 성립되었을 시는 입회 사무관이 화해 조서를 작성해야 한다. 그러나 재판장이 입회 사무관 참여 없이 화해

시키고 자기가 조서를 직접 작성하여 날인을 하라고 내려보냈다. 그러자 당사자인 장 모 사무관은 절차 위반을 이유로 날인을 거절하였다. 이에 재판장은 담당 과장과 사무국장까지 동원하여 압박했으나 끝까지 거부했다. 마침내 그의 고등학교 선배까지 찾아내어 날인을 권고해 오니 어쩔 수 없이 날인 하고 말았다. 그런데 이 소동을 들은 법원장이 입회 사무관을 괘씸하다고 주임 자리로 보직 강등시켰다. 그 사실을 알게 된 부장이 장 사무관의 성질을 아는 터라 그대로 두었다가는 큰일 나겠다 싶어 원장에게 사정하여 하루 만에 원대 복귀시키는 괴이한 일이 있었다. 만일 장 사무관이 날인을 끝내 거절하였다면 부장이 입회사무관으로 강등되고 원장은 주임으로 강등되지 않았을까 걱정된다. 만사에 법을 앞세우는 그들이 법을 어겨 놓고도 법을 지키려는 입회 사무관을 징치(懲致)했다니!

성남지원에서 근무한 고 모 계장(G. M. S.)이 인품이 모자라다 못해 괴짜로 소문난 이 모 판사(E. S. S.)의 형사사건 입회하던 때, 구속적부심문기일에 신청 피의자를 판사실로 불러 심문하면서 입회 계장이 참석하기도 전에 심문하고 있어 그 꼴을 보고 입회를 안 하고 나왔다. 입회 없는 심문은 무효이므로 어쩔 수 없이 조서 작성을 위해 나중에 다시 불러 신문을 하는 해프닝이 있었는데, 그 판사는 평소 직원들을 판사실로 불러 다리를 책상에 올려놓고 대담을 하는데, 반말 투로 말을 해서 직원들의 원성이 자자했었다. 결국에 그는 재임명을 받지 못해 옷을 벗어야 했다.

필자가 연수원 근무 당시인 1991년경 10여 년 선임이신 김 모 과장은 청렴하기로 소문 난 사람이기는 하나, 요령이 좀 부족하였다. 인천지방법원의 총무과장으로 재직 시 당시 법원장이 일반직을 심하게 무시하며 말을 함부로 하기로 소문난 김 모 원장(K. J. C.)이었다. 매일 아침 국·과장 결재 시 너무 꾸중이 심하고 말을 함부로 해서 늘 몸을 떠는 모습을 보였다고 한다. 어느 날 김 모 원장은 "당신 같은 사람이 어떻게 서기관이 되었느냐?"라고 소리치며 화를 내기도 했다고 당시 같이 근무했던 허 모 과장으로부터 전해 들었다.

임 모 원장(I. K. Y.)은 자기 근무 법원에 실무 연수하러 온 사법 연수생들이 인사차 원장실로 들어오자, 마침 결재하기 위해 원장실에 있었던 국·과장들을 소개하면서 "여러분들의 심부름꾼들"이라고 하고 국·과장들에게 "앞으로 시보님들을 잘 모시라"고 말했다고 한다. 설사 자기들끼리는 몰라도 대놓고 국·과장들 앞에서 그런 말을 하는 정도의 인품이 법원장이라면 그런 사람이 어떻게 법원장이 되었는가를 묻고 싶었다. 신임 판사들 앞에서도 할 말이 아닌데 연수생 앞에서 그러한 언행은 평소에 일반직을 바라보는 눈이 어떠했는가를 단적으로 말해주는 것 같아 씁쓸했다.

만만한데 말뚝 박는다고 일부 법원장들이 법관들에게는 관대한데, 일반 직원에게는 온갖 권세를 부리고 무시하는 것을 보면 법관으로서 갖추어야 할 도량과 인격은 법관들의 경전인 법전을 통해서는 알 수 없다는 것이 분명해 보였다.

정 모(J. G. Y.) 판사가 서울지방법원 원장 재직 시절, 총무과장이 국·과장 신상 파악 자료로 작성한 사진첩을 보다가 "그 새끼구먼!"이라고 하며 한 사람을 가리켰다고 한다. 전에 어느 등기소장으로 일할 당시 그 원장에게 무능한 자로 찍혔던 사람으로 다시 보게 되자 한 첫 말이었다. 그러나 그 말을 들은 다른 과장들이 원장을 이구동성으로 쌍욕을 했다는데 장 모 원장은 본인이 일반직을 지나치게 하대하고 무시하는 것 때문에 일반 직원들이 겉으로는 공경하는 것 같지만 실제로는 꺼리고 멀리하는 경원대상임을 모르는 것 같았다.

8) 일반직이 그렇게 무시당할 존재인가?

지금까지는 판사들이 법원 일반직을 무시하고 수하처럼 대하는 모습을 말했으나 이제 법원 일반직이 그렇게 무시당해도 되는지를 적어보고자 한다.

　법원 일반직은 법원의 구성원이나 법관의 자격이 없는 국가 공무원으로서 송무·등기·호적·가사 회생·신청·집행·행정 등의 업무를 수행하며 법원의 주 업무인 재판 업무의 보조자로서 역할을 감당하고 있다. 특히 법원 주사보(7급) 이상이면 재판(변론) 기일에 판사와는 독립하여 참여관(기관)으로 입회하고 조서를 작성하는 중요한 임무이자 권리를 갖고 있으며(민사소송법 제152조-161조) 4급(법원서기관) 이상이면 사법보좌관(법원조직법 제54조)으로서 집행(경매)·독촉·공시최고·집행비용확정 등의 여러 부분의 임무를 독립적으로 수행하고 있다.
　위와 같이 참여관은 소송법상 독립 기관으로서 재판기일이 열리는 한 누구의 간섭도 받지 않고 조서를 작성하는 권한을 가지는 것이며 소송의 기본원칙인 변론주의의 적용상 변론 조서에 기재되지 아니한 사항은 판단자료로 삼을 수 없어 조서의 기능과 가치는 실로 중대하다 할 것이며 조서의 기재사항만으로 소송 절차의 안전성과 명확성을 보장하고 재판의 공정성을 보장한다.

　조서는 법관이 법에 정한 변론의 방식을 준수하였다는 것을 증명하는 유일한 증거방법이다. 이를 "변론의 방식에 관한 증명력"이라 하며 조서에 기재된 내용은 다른 특별한 사정이 없다면 그 내용이 진실한 것으로 추정할 정도로 강한 증명력이 있는데 이를 "변론의 내용에 관한 증명력"이라 하는 것이다.

　결론적으로 법관의 재판 행위가 있는 한 참여관의 조서가 반드시 있어야 하고 그 조서 없이는 절차의 명확성, 재판의 공정성을 보장받지 못한다. 또 조서에 기재되지 아니한 것은 판단자료로 삼을 수 없어 참여관의 조서가 재판상 얼마나 중요하고 의미가 있는지는 법관이 먼저 알고 있다. 달리 설명하자면 소송당사자를 상대로 법관의 재판을 함에 있어 참여관이 절차 및 재판과정의 적법성 보증을 위해 독립 기관으로서 참여하는 것이기에 그 역할이 막중하다는 것이다. 즉 조서 없는 판결은 없다.

　필자가 참여관으로 일할 때, 법대 아래서 제판의 전 과정을 피할 수 없이 보아야 하고 그것을 보면서 재판의 결과에 대하여 나름대로 예측할 수 있었다. 그 예측을 감히 소개하자면 민사소송의 경우 승패의 98.9%, 형사소송은 형량의 90.9%를 예단 할 수 있었다고나 할까. 이 정도면 판사만큼의 집중력이나 식견으로 판단하지는 못한다 할지라도 어느 정도까지는 　예단 하는 것을 자신한다, 무시할지도 모르나 이러한 주장은 일반직 참여관의 수준을 정도껏 인정하라는 정중한 주문이다.

☞ 조서의 기능 및 중요성 정리

- 조서 없는 판결이 없다. (참여관의 조서가 있어야 판결이 가능하다.)
- 조서에 판결을 맞추지 판결에 조서를 맞추지 않는다. (조서에 기재되지 않는 것은 판단자료가 되지 못한다.)
- 판결은 법률과 양심의 산물이지만, 조서는 현출된 사실과 진술의 산물이다. (조서에 근거하여 판결이 생산되기에 조서는 판결의 산실)
- 판사는 일반직 없이는 살지 모르나 조서 없이는 판사 노릇 못한다.

법관이 일반직을 무시하는 것은 위와 같은 참여관의 역할을 무시하는 것이고 더하여 조서의 의미와 기능을 무시하는 것이라고 하면, 달리 설명할 말이라고 해야 자격(법관) 차이리고 할지 모른다. 하지만 일반직도 법원 구성원이기에 그렇게 무시하거나 박대하는 것은 역할이나 자격의 유무를 떠나 인간적 도리에 맞는 것인지 묻고 싶다. 동료 대우가 아니라 같은 법원 구성원으로서 적절한 대우를 바랄 뿐이고 아예 무시하지 말라는 것이다. 일반직을 무시하지 않는다고 법관의 품격과 위상이 내려가지 않는 것을 모두 알고 있지 않은가!

필자는 법원의 참여관(입회)으로서 판사와는 독립된 당당한 조서 작성 기관이요, 판결의 조산원(助産院)으로서의 긍지와 자부심을 지니고 일하였으며 당당한 법원 공무원임을 자랑으로 여겼다. 설사 판사와 일반직이라는 구분과 차별은 있을지라도 억울해할 일도 부끄러워할 일도 아니라고 생각하면서 내 역할에 만족하고 그 소임을 다하려는 노력이 결과적으로 소위 고위공무원 명찰(법원이사관)을 얻을 수 있었다고 본다.

법원 밖 일반인들은 법원 일반직의 역할과 권한에 대하여 잘 알지 못하고 판사들 밑에서 보조 역할을 하는 하급 공무원 정도로 여겨 약간 무시하며 판사와 격을 달리하여 대우하는 경향이 있는데 그런 것은 참을 수 있다. 그러나 법관들이 일반직을 대놓고 무시하고 박대하는 것은 참기가 어려웠고 불쾌하였으나 숙명처럼 받아들이고 30년을 버텼다.

그렇다고 법관들이 다 그렇다는 것은 아니며 그 심중까지야 모르지만 아주 곱살스럽게 대하고 형님같이 삼촌같이 대하는 법관도 더러 있었다. 그분들을 보고 위로를 받았다. 지금도 그분들을 고맙게 생각하고 감사한 마음으로 그 분들의 안부가 궁금해지기도 한다.

9) 판사들의 재판 꼴(성향)

판사들의 재판 결과도 성향이나 주관에 따라 제각각인데 지나치게 구별되는 재판으로 비난받는 판사들이 많다. 민사 사건에서 본안 사건은 잘 드러나지 않으나 신청 사건은 법리 적용이나 성향 구분이 드러난다.

주로 가압류 사건이 판사별로 법원별로 심사절차나 결정 기준에 차이가 난다. 특히 같은 법원에서 판사에 따라 같은 사안이 다르게 결정 나는 수가 있어 애를 먹는 일이 있다, 필자가 서울지방법원에 근무 시 가압류 담당 판사가 두 사람이 있었는데 서로 성향이 달라 당사자들이 애를 먹는다는 소문이 있던 차 어느 법무사가 찾아와 가압류 사건을 접수 했는데 담당 판사가 부당한 사유로 각하하여 취하하고 다시 접수해 다른 판사에게 배당되니 인용이 되었다고 하며 그래도 되느냐고 불만을 토로하였다. 변호사들이 내는 가압류는 보정 명령은 있으나 각하는 절대 안 하고 법무사가 내는 사건은 가차 없이 각하해 버린다며 판사들에게 욕을 심하게 해서 민망했다. 더욱이 법원에 따라 취급이 달라 똑같은 사안이 어느 법원에서는 보정을 명하고 다른 법원에서는 말없이 인용되는가 하며, 어떤 법원에서는 신청 액수가 많으면 꼭 신청 채권자를 불러 신문을 하는데 여타 법원은 그런 일 없이 처리되었다. 그것도 서울권 내서 일어나는 일이라 원성과 비난이 있을 수밖에 없다. 그래서 쉽게 처리하는 법원으로 사건이 몰려 그 법원은 일이 많아져 직원들이 곤욕을 치른다고 하였다. 지금도 그러한지 궁금하다.

　형사사건도 같은 사안(동일 범죄)을 달리 재판(형량 차이)하기도 하고 심지어 동일범(공범)들 가운데 다른 취급을 하는 사례도 있다. 필자가 형사 단독 입회를 하던 때 어느 판사는 피고인 네 명이 똑같이 여관에 들어가 매춘을 하며 음란 비디오를 보다가 일제 단속에 걸려 구속 입건 되었는데 그중 한 사람이 변호사를 선임하여 구속 적부심으로 풀려났다. 그러나 다른 사람들은 구속된 채로 공판을 받자 불만을 터트리며 판사에게 항의하는 것을 보았다. 그런 경우 다른 공범도 같이 풀어 주는 게 통례인데 그러지 않은 것이 변호사의 능력을 보여주는 본보기인가 묻고 싶다.

10) 합의부 판사들의 판결합의는 어떻게 하나?

　법원 합의부에서 재판에 관해 변론을 종결하고 합의를 볼 때 합의 태도는 각양각색이다. 대체로 배석 판사들이 재판장인 부장의 눈치를 보고 특별한 경우가 아니면 자기주장을 하지 않는다고 하였다. 필자가 어느 법원장(K. S. K.)에게 들은 이야기다.
　자기가 배석 시절 모시는 부장(B. Y. S.)이 주심 판사의 의견을 존중해 판결하는 것을 보고 자기도 부장 시절 그렇게 했다고 하면서 어떤 부장은 자기 의견과 다른 의견은 아예 무시하는 부장도 있다고 하였다. 부장의 의견에 따르는 합의는 진정 합의가 아닌 부장과 의견 일치 과정 정도라고 할 수 있을 터인데. 위와 같은 사정을 보면 판사들이 배석 시절 부장을 잘 만나는 것이 훗날 본인이 부장으로서 재판 시 크게 영향을 받을 수 있음을 알 수 있다 할 것이다.

　합의부에서 합의하는 방식으로 들은 것을 다음과 같다.
　부장이 주도적으로 의견을 내고 배석들의 의견(다른)을 듣는 형태, 부장과 배석들이 각각 의견을 내고 이견이 있는 경우만 합의(조정 일치)에 들어가는 형태, 주심이 먼저 의견을 제시하고 부심이 다른 의견이 있을 시 합의(조정 일치)에 들어가는 형태 등이 대체적인 방식이다. 그런데 그 외에도 특별한 방식이 있을 것으로 짐작이 간다.

그러나 전반적으로 부장의 주도하에 합의가 이루어지는 것이 대세적 성향이라는 점은 부인하기 어렵다 할 것이다.

11) 판사들의 애교적 실수

판사들의 실수는 적은 실수에서부터 큰 실수에 이르기까지 다양하다. 그야말로 용납을 할 수 없는 실수도 가끔 한다. 물론 의도된 실수는 아니나 순간 망각하거나 세심함(집중력)을 잃어 일어나는 실수다. 회복되는 실수는 바로 잡지만 회복할 수 없는 실수는 큰 낭패가 된다. 그래서 쉬쉬하며 조용히 넘어가기 일쑤고 피해자가 있을 때는 피해를 회복하는 선에서 적당한 마무리를 해야 한다. 그 실수들을 지면에 올리기는 부적절하여 생략하지만 놀랍고 끔찍한 실수도 있음을 안다.

소개 할 수 있는 실수의 예를 들면 수명 법관이 재판부 구성 절차를 놓치고 절차 종결하거나 필요적 구속 정지를 놓치거나 날인 없는 판결이나, 필요적 신문 절차를 놓치는 재판 과정상의 실수는 사소한 것으로 볼 수도 있다. 이와 같이 판사들에게는 재판 업무상 실수와는 달리 행실 상의 곱잖은 많은 문제가 대두되는 경우가 더러 있다.

법정에서 원님 노릇을 하는 깃은 다반사이고 심지어 변호사들에게도 갑질하는 판사들이 있었다. 당사자들에게 극심한 인격 모독도 서슴지 않는 판사들이 있다. 어떤 판사는 당사자에게 불필요한 질문을 하거나 농담을 건네기도 한다.

필자가 성남지원 총무과장으로 근무 당시 유 모 판사는 협의 이혼 사건 확인 시 쓸데없는 질문과 불필요한 확인까지 하는 통에 남보다

두세 배의 시간이 더 걸린다고 담당 입회 계장이 불만을 토로했다. 당사자가 사전에 이혼에 합의하고 나와 판사 앞에서 의사 확인만 하는 과정인데 시간이 걸릴 이유가 없고 간단히 이혼 의사의 진정성만 확인하면 되는 것이므로 다들 쉽게 처리하기 마련이다, 그런데 유별나게 이혼 이유와 과정까지 따지고 심지어 회유까지 하는 것은 지나친 월권이라는 생각이 들었다. 이러한 상황을 모르지 않을 판사로서 재미 삼아 판사 놀이를 하는 것 같아 씁쓸했다.

12) 판사들의 이런저런 모습

1991년 1월경 서울지방법원 민사 합의 재판부 김 모 부장이 재판을 진행하는데 느닷없이 한 여자가 법정 문을 거칠게 열고 들어와 법대를 쳐다보고 "저 나쁜 놈, 너는 인간이 아니다"라는 등 소리 지르며 달걀을 법대에 던져 일대 소란이 일어났다. 그 김 부장이 그 여자에게 "미친년!"이라고 했다. 그러나 그 광경을 본 법정의 정리가 "소란을 피운 여자는 정신은 멀쩡한 사람이고 서로 잘 아는 사이(형수) 같았다"고 하더라는 소문이 돌았다.

판사의 서열은 대법원장도 마음대로 무시 못 하는 것으로 관례화돼있다. 판사실 배정도 서열 순서대로 선호도(위치·조망 등)를 따져 지정하고 새 차가 나와도 서열 순서대로 배정한다. 심지어는 며칠 있으면 퇴직하는 사람도 새 차가 나오면 예외 없이 배정하는 것이 서열을 지키는 관례 때문이다.

대법관도 구성이 바뀌면 서열에 따라 방실 이동이 생긴다. 층수·위치·조망에 따라 서열 순서대로 이동한다. 서열이 높다고 재판을 잘하는 것은 아닌데 보직 또는 사무실이나 차량은 철저하게 서열을 따진다. 서열이 하나의 기준일 수 있으나 만사를 지나치게 서열을 따져 처리하는 것이 답답하게 보인 것은 필자만은 아니라고 본다.

필자가 서울고등법원 총무과에 근무할 당시인 1966년 2월경 전체 판사 회의를 개최하고 사무 분담에 관한 토의가 있었다. 사무 분담 기준을 정하는 문제에 판사들 간에 치열하게 격론이 펼쳐졌다. 선호하는 보직과 피해 가려는 보직 간에 균형을 이루고자 하는 의도였으나, 선호하는 보직의 기준(?)이 어떤 의미인지는 대강 알 수 있되 그렇게까지 심하게 격론이 일어날 줄은 예상하지 못했다. 보직 다툼은 판사들도 우리 일반직이나 전혀 다를 바가 없고 오히려 한 수 위인 것 같아 웃음이 나왔다.

지금은 아니지만 전에는 고등법원 부장판사(차관급)가 되면 고급 승용차가 배정되고 전담 기사도 지정된다. 대부분은 그렇지 않으나 일부 부장판사는 인사이동 시 전근하는 법원으로 기사를 대동한다. 심지어 사무원마저도 자기 마음에 맞는 사람이거나 가까운 사람을 대동하는 부장판사가 있다. 직원을 용병처럼 생각하는 그런 사람들 때문에 인사발령에 골치 아픈 일이 생기고, 그렇게 대우받는 기사나 사무원은 배경을 믿고 과장이나 국장 말도 잘 안 듣는 '특세(特勢)'들이 되기도 한다.

법원에서 근무하면서 법을 악용하는 사례들을 너무 많이 보았다. 법이 정직하게 지키려는 사람을 위해 존재하는 것만은 아니고 법을 이용하려는 사람을 위해서도 존재하는 것으로 보이니 마음이 무거웠다. 법이 선용 되는 것보다 악용이 심하다면, 특히 권력 유지나 재력 유지를 위해 악용된다면 법의 존재 의미나 가치는 어디서 찾아야 하는지 의문이 들었다. 그것을 지켜야 할 사법기관의 책임은 어떻게 물어야 하는지 답답하였다.

판사들은 대부분 신뢰받을 만한 행동을 하지만 일부는 일반의 예상을 깨고 엉뚱한 언행이나 재판을 하는 사례가 없지 않다. 특히 형사사건을 재판하는데 선고 형량이 같은 사안임에도 들쑥날쑥하고, 일정한 구속 기준 없이 보석이나 법정 구속을 마음대로 결정하는 판사가 있다.

필자가 성남지원 형사과장으로 재직 당시 유 모 판사는 예측불허의 재판으로 소문났다. 이에 변호사들이 그 판사에게 사건이 배당되면 애를 먹는다고 하소연하였고 그들로 부터 "럭비공 판사"라는 소리를 들었다. 법정에서 당사자들에게 말을 함부로 하여 원장실에 직접 찾아와 항의하는 당사자도 있었다.

수도권의 지방 법원은 여러 개의 형사 단독과 형사 합의부가 있다. 그중 한두 재판부는 선고 형량과 구속 기준에 대하여 여타 재판부와 비교되는 재판부가 있었다.

예를 들어 보석을 잘해주는 재판부, 형량이 가벼운 재판부, 법정 구속을 잘하는 재판부 등이다. 재판이 일률적일 수 없고 꼭 여타 재판부와 균형을 맞춰야 하는 이유는 없다지만 별다르게 보이는 재판은 뒷말이 무성할 수밖에 없다.

또 이와는 달리 필자가 대법원 형사과 근무 당시에는 모 대법관에게 상고 사건이 배당되는 것을 두려워한다는 소문이 돌았다. 그 대법관은 그 누구보다도 파기율이 높았기 때문이다. 그가 평판사 시절에는 누구의 사정도 들어주는 일이 없이 소신껏 재판하여 '칼'이라는 평판이 있었다. 그러기에 소위 시국사건을 담당하여 상부의 의도에 빗나가는 선고(무죄·공소기각 등)를 할까 봐 그런 사고를 피하려고 아예 형사 재판부에 배정을 안 해서 오히려 난국을 피해 갔다는 소문까지도 돌았다.

판사들의 당직 제도가 지금은 없으나 예전에는 영장 심사를 위하여 매일 당직을 지명하였고 당직 판사가 그날 일과 시간 중 신청된 영장은 일과 중 심사하고 일과 시간 후에 신청되는 영장은 일과 시간 후에 심사하였다. 특별한 경우가 아니면 일과 중에는 영장신청이 없으며 대개는 일과 끝나려는 무렵 신청이 들어와 일과 후에 심사한다. 검찰청에서 일선 경찰서의 영장 청구를 취합하는 시간이 필요하고 건건이 신청하는 것은 곤란하여 한꺼번에 청구하기 때문이다.

당직 판사들의 영장 처리 형태가 별난 사람도 있다. 일과 후에는 사무실에서 하지 않고 퇴근하여 당직 직원에게 자기 집으로 갖고 오라고 하여 심사하거나 밖에 나가 저녁을 먹고 늦게 들어와 심사하며 심지어 술까지 마시고 늦게 들어와 심사하는 사람도 있다. 영장을 자기 집에서 심사하는 경우, 심사가 끝날 때까지 그 집에서 기다리거나 끝났다는 연락을 받고 수령 하러 가야 한다. 그러한 형태가 국정 감사에서 지적되어 시정을 약속했으나, 쉽게 고쳐지지는 못하였다.

하 모 판사가 당직인데도 일과 중인 14시부터 일과 후 20시까지 행방을 감추는 바람에 당시 중요 사건(슬롯머신 뇌물 사건)의 영장 심사를 지체해 그날 19시 뉴스에 그 사실이 방송되는 사고도 있었다.

당직 판사의 영장 심사 스타일에서도 별난 사례가 있다. 수십 건의 영장 심사를 단시간 내에 일사천리로 끝내는가 하면, 몇 건의 영장 심사도 밤새 붙들고 고심하는 사람도 있다. 간단한 사건은 우선

처리하고 복잡한 사건, 사회적 이목이 쏠리는 사건은 뒤로 미루어 신중히 처리하는 사람도 있다. 어떤 판사는 영장 심사를 오래 붙들고 있으면서 누가 청탁을 하러 오는 것을 기다린다는 소문도 있었다. 그런데 주로 청탁하는 사람은 변호사로서 필자가 당직하는 날에 변호사가 오늘 누가 당직 판사인지 물어오는 사례가 종종 있었던 것으로 기억한다. 이로 미뤄보아 그러한 소문이 가능한 일이고 헛소문만은 아니라 하겠다.

　판사의 즉결 심판 처리 형태도 별스러운 사람이 있다. 처벌을 너무 과하게 하는 판사가 있어 그 판사가 즉결 재판에 나가면 재수 없다 하고, 가볍게 처분하는 판사가 나오면 운 좋다고 했다. 그런데 즉결 담당 형사들이 판사들의 성향을 잘 파악하여 분위기를 알고 있기에 엄벌주의 판사는 미리 귀띔해주며 아예 처음부터 읍소하라는 권고도 한다고 한다.

　필자가 성남지원 형사과장 재직 시 즉결 담당 계장에게 들은 이야기로서 머리가 하얀 노파가 길거리에서 조개를 팔다가 단속에 걸려 즉결 법정에 끌려 왔는데 담당 판사가 구류 4일을 처분했다고 하였다. 그 계장은 훈방이나 구류 하루 정도로 족한데 과하게 처분했다고 그 판사를 욕하였다.

　즉결 담당 계장은 매일 사건을 처리하기에 그 내용을 잘 알고 있어 처음 즉결 심판을 하거나 다른 법원에서 전근을 와 현지 물정에 어두운 판사는 즉결 담당 계장에게 처리 기준을 미리 물어 처리하기도 한다. 아예 연필로 처리 내용을 기표해달라고 하여 그대로 처리하는 것은 아니나 참고를 하는 사람도 있다는 말을 들었다.

윤 모 법원장(Y. S. Y.)은 대전지방법원 재직 시 직원들을 심하게 들볶아 원성이 자자했다. 일례로 나이든 서무계장을 하도 들볶아서 스트레스를 받아 갑자기 심장마비로 죽었다. 그래서 장례를 치르는 중에 가족들이 상여를 법원으로 모셔와 "법원장이 사람 죽였다"라고 항의하며 떠나지를 않아 곤욕을 치른 것은 당시 법원 근무자는 거의 모두 아는 사실이었다.

또 관내 지원에 모 원장의 처남이자 그 지역 '토호(土豪·국가 권력과 어느 정도 대립적인 위치에 있으면서 향촌에 토착화한 지방세력)'인 명문가 출신 법정 정리가 지원장을 비롯해 직원들을 휘어잡고 논다는 소문이 파다했다.

윤 모 법원장이 순찰을 나가 그를 보았을 때 그는 정장 차림을 하고 있었다. 그 모습을 본 법원장이 "정리 주제에 정장 차림을 하고 있구만"하면서 넥타이를 풀라고 지시했다. 그러자 그가 약간 불만스러운 표정을 드러내며 그 자리를 피해 버렸는데 법원장은 그를 당장 본원으로 인사발령을 냈다. 법원장 본인 가까이에 근무시키면서 담당 과장에게 그의 일거수일투족을 감시하여 매일 보고하라고 지시했다. 그는 감시당하는 것이 싫었는지 7일 만에 사표를 내고 매일 저녁 그 법원장 집에 항의 전화를 해 괴롭혔다는 소문이 나돌았다.

판사들에게는 애당초 직급과 서열 관념이 너무 엄격했다. 오늘날에는 많이 완화됐다고는 하지만 여전히 유난스러울 만큼 엄격하게 인식된다. 서열이 보직이나 승진에 절대적인 기준이 되고 그 서열을 깨는 것이 소위 특진이거나 특혜인데, 평범한 사람은 감히 서열을 뛰어넘을 수 없고 서열을 지켜나가는 것으로 안도해야 하는 정도다. 특별한 배경이나 특출한 능력이 있어야만 서열을 건너뛸 수 있다. 예전에는 승진 서열이 지나 승진에서 빠지는 경우 대부분 퇴직하고 변호사 개업을 했다. 그런데 요즈음은 승진 누락자도 험난한 변호사 생활을 피해 대체로 안정적인 재조(在曹) 생활에 만족하고 후배들의 눈치를 버티며 정년을 지키는 사람이 늘었다고 한다. 고위급 판사들도 후배들의 따가운 눈총에도 새로 생긴 원로법관 대우를 누리며 자리를 지킨다고 하니 실로 그 변화를 실감한다.

판사서열은 보직과 승진에만 적용되는 것이 아니고 모든 행사의 의전 대우, 심지어는 보행 식사자리에서도 따진다. 무서운 서열 앞에 나이는 거의 무시 된다. 같은 임관 동기 사이에도 서열을 따진다. 물론 직급은 서열에 앞서 더 철저히 엄격하다. 의전에서 직급은 철저히 따져 대우받으려고 하여 때로 의전 문제로 시비가 생기는 사례가 있다.

법원장들이 해외시찰명목으로 함께 해외여행을 가는 기회가 있는데 마침 윤 보 지방 법원장과 윤 모 고등법원장이 같이 해외여행을 가게 되었다. 한 참 여행 중 윤 모 지방 법원장이 대법관으로 지명되었다는 소식을 전달받게 되자 그때부터 갑자기 대우와 의전이 달라져서 대법관지명자가 최고예우를 받게 되었다. 귀국길 공항 입국장에서는 대법관이 된 지방 법원장은 귀빈실로 들어오고 그렇지 못한 고등법원장은 일반실로 들어왔다. 그래서 판사들의 직급과 서열은 하늘도 무시를 못 한다는 우스갯소리가 있는 것이다.

고위직을 지낸 어느 여판사의 사례다. 그녀가 우(右)배석 판사 시절 어느 무더운 여름날 재판 중 좌(左)배석(남)이 졸고 있자 부장이 그를 보고 귓속에 대고 "저 여자 예쁘지?"라고 하니 좌배석이 잠결에도 그 소리를 듣고 퍼뜩 잠을 깨 법정을 휘둘러 보았다. 그런데 여우배석이 그것을 보고 법정에서도 재판 협의 때는 항상 좌우 배석 의견을 같이 듣는 것인데 자기에게는 의견을 듣지 않는 것을 의아해 재판 끝나고 좌배석에게 "아까 법정에서 부장과 무슨 말(협의)을 했느냐?"라고 물었다. 그러자 좌배석판사가 "내가 졸고 있으니 잠 깨라고 한 말이었다"라고 하자 얼굴이 뻘게졌다는 것이다. 그 당시에는 여자 판사가 귀해서 같이 근무하는 일이 별로 없으나 혹시 같이 근무할 때면 조심할 일이 많아 불편하였다는 남자 판사들의 뒷얘기가 많았다.

판사들이 직급이나 서열대우를 받는 것도 재조시절에 한정되는 것이고 재야로 나가면 가당치 않는 일로서 어느 김 모 부장판사가 변호사 개업 후부터는 법원 수위실에 들러 정중히 개업 인사를 하고 명함을 주었다는 것이며 그가 "이제는 대접을 받는 것이 아니라 대접하는 처지가 되었다"고 하면서 "입장 변신은 변호사 출발의 기본"이라고 말하는 것을 들었다.

13) 판사들의 권위의식(인간적 순수성?)

필자가 성남지원에 근무 당시 이 모 부장판사는 평소에 직원들에게 말을 함부로 하고 성질이 까다로워 직원들이 기피했다. 그리고 입회 계장이 작성한 조서가 자기 기억과 다르다고 수정을 자주 요구하는 것으로 소문나서 서로 입회를 피하려고 했다.

어느 날 그 부장판사는 같이 근무하는 주임에게 "법원에서 박봉으로 근무하지 말고 변호사 사무장으로 나가는 것이 어떠냐?"며 "아는 사람에게 소개해 주겠다"고 했다. 그러자 그 주임이 "나는 돈은 적게 받아도 법원 서기로서 자부심과 긍지를 갖고 살고 있다"라고 하니 그 부장판사는 멋쩍어했다고 한다.

그 부장판사가 어느덧 지방법원장이 되어서 임지에 부임하자 축하 난 화분이 다수 들어오니 각각 번호를 매겨 관리하다 다른 법원으로 전임 시에 모두 자기 집으로 가져갔다고 한다. 또 법원장으로 재임하면서 직원들의 인사의 보직 변경을 제비뽑기로 하는 어처구니 없는 일도 있었다. 너하여 직원들의 직무·친절 교육을 직접 하기도 하는 등 남다른 행보를 보인 것으로도 유명했다.

14) 판사와 참여관의 관계

필자가 재판 입회(참여)를 했을 때가 1982년부터인데 그때는 지금 분위기와는 사뭇 달랐다. 재판 날은 늘 판사와 점심을 같이 했고, 재판이 끝나면 특별한 일이 없으면 저녁도 같이한 후 헤어졌다. 형사재판 입회 시는 공판검사와 같이 저녁을 하기도 했는데 그중에서 지금 정치 현역(국회의원)으로 있는 B 검사가 생각난다. 당시 그는 업무 능력이 뛰어났음은 물론 입담이 좋고 젊은 나이에도 처세가 능숙해 검사로는 최상의 적임자이고 정치인으로 나가도 제격이겠다 싶었는데 역시 중도에 검사를 그만두고 정계로 나가 성공하였다.

참여관은 법률상 독립기관으로서 재판상 역할(절차담보)이 있기에 판사와 거리를 가깝게 하여 좋은 분위기로 근무하는 것을 모두 희망한다. 그러나 일부 권위의식이 높고 일반직을 부하 취급하는 판사는 입회와 거리를 두려 하고 불신을 지니고 대해 불편한 분위기에서 근무하기도 한다. 일반직 역시 극히 드문 일이기는 하지만 동료나 지인으로부터 사건 청탁을 받는 경우가 있을 때 부득이 판사에게 사정해야 한다. 그런데 서로 신뢰하고 원만한 관계가 아니면 그러한 말을 꺼낼 수가 없어 거절하거나 지나쳐 버리면 박절하다는 소리를 듣거나 바보 취급을 당하기도 했다.

필자가 겪은 일은 아니나 동료 직원에게서 들은 이야기이다. 동료가 자기가 모시는 판사에게 사건을 부탁했더니 "그것은 '자동뽕(부탁 안 해도 당연히 석방되는 사건)' 아니에요?"라고 하며 또 "그런 것은 아예 부탁 안 해도 된다는 것을 경험으로 알지 않나요?"라며 웃더라는 거다. 이어서 "부탁하려면 어려운 사건을 부탁해서 크게 선심을 써야 입회 서기 체면이 서지 않겠어요?"라고 했다고 한다.

그 판사는 일반직을 잘 챙기고 어려운 사정이 있는 직원은 도와주는 일이 많아 사람 좋기로 소문나 있었고 모두의 존경과 사랑을 받았는데 후일 승승장구하여 대법관까지 되었다.

판사들은 서열과 평점 내용에 따라 무난하게 승진하는 데 법원 일반직들로부터 평판이 나쁜 판사치고 인사권자도 알기에 고위직(법원장)까지 승진하는 사례는 별로 없었다. 그런데 극히 일부는 용케 승진되어 법원장이 되어서도 직원들의 원성과 질타를 받기도 했다.

법원장에 대한 인성평(人性評)은 부속실에 근무하는 여직원과 담당 기사의 입에서 주로 나온다. 일반 판사는 소속 직원들로부터 근무 태도, 재판 능력 등에 대한 평가를 받는다. 판사도 인간인 지라 별별 평가가 다 나온다. 판사에 대한 평가 중 제일 문제로 보는 것은 재판에 대한 것인데 능력이나 성품이 제각각이어서 재판 진행 방식이나 법정 태도가 조금씩 다르나 판결능력은 지극히 불성실한 경우 말고는 서로 알듯 말듯 구분이 잘 안 된다.

법원 직원들도 판사들과 근무하면서 재미있는 해프닝을 적지 않게 겪는다.

고 모 사무관이 고등법원 입회 시절 보직 변경을 받고 얼마 안 됐을 때 일이다.

부장판사가 사건 기록 가져가라는 지시를 해와 판사실로 올라가니 부장은 없고 판사실에 서성이는 한 여성이 있었다. 사무원인 줄 알고 "부장 어디 갔느냐?"고 물었더니 "잠시 나갔다"라고 하더니 "부장이 나가면서 전해주라"고 했다며 캐비넷에 있는 기록을 꺼내주었다. 그리고 "이번에 전근 온 우배석 ㅇㅇㅇ입니다"라고 하며 자기소개를 하였다. 새로 전임 온 여판사인 걸 그제 알고 당황해서 "모르고 결례했습니다"라고 하니 "뭘요?"라고 하며 웃기에 안심했다고 한다. 그 여판사는 재판에 열심히 임하였으며 검증이나 출장을 한 번도 빠지지 않을 뿐만 아니라 지방 출장 중 일행이 술집에 갈 때도 피하지 않았다. 술집에서 남자 판사들에게 여종업원을 파트너로 붙여주면 "남판들은 여자 파트너를 붙여주면서 나는 왜 남자파트너 안 붙여줘요"라고 하며 농담도 했다고 한다. 이 여자 판사는 지금도 이름만 대면 다 알 만한 사람이다.

민 모 과장이 김 모 부장판사실에서 올라오라 하여 갔더니 그에게 다짜고짜 "뭐 하길래 부하 직원이 접수를 잘못하는 것도 챙기지 못하느냐?"라고 소리쳤다. 그 부장판사는 서류를 과장 얼굴 앞에 집어 던지자, 민 과장은 화가 나 사무실 바닥에 떨어진 서류를 주워 김 부장판사 얼굴 앞에 던지며 "판사면 이래도 되는 거요?"라고 소리치고 사무실로 내려왔다. 그러자 김 부장판사는 사무실까지 따라 내려와서 고래고래 소리 지르며 아우성치니 원장실까지 알려져 같이 원장에게 불려가 꾸중을 들었다고 하였다.

판사와 일반직원 사이의 관계는 판사가 어떻게 하느냐에 달렸다고 볼 수 있다. 일반직이 아무리 친하게 지내려 해도 판사가 벽을 쌓고 거리를 두면 어쩔 수가 없다. 대개는 원만한 관계를 유지하려고 하지만 극히 소수는 딴 나라 사람처럼 군다.

사법연수원에서 어떤 교수가 연수생에게 "임관하면 일반 직원을 조심하라, 잘 봐주면 개처럼 충성하고 안 봐주면 물어뜯는다"라고 친절히 일러 주었다고 하는 말을 들었다. 그렇다면 충성을 받을 것인가, 물어뜯길 것인가를 선택하라는 말인가. 하지만 내가 보기엔 안 봐준다고 물어뜯는 직원은 기억나지 않고 그런 일이 있었다는 소리도 들어보지도 못했다. 오히려 그런 판사를 판사답다고 칭찬하는 사례가 적지 않았음을 목격했다.

판사가 일반직의 말을 들어 준다는 것은 사건에 관해 부탁을 들어주는 것인데, 민사 사건은 판례가 확립되지 못한 사건이거나 과실상계 문제가 걸린 사건 등을 제외하고는 성질상 재량이 거의 없다. 형사사건에서는 형량 부분에 다소 재량이 있기에 소위 부탁이라는 게 통할 수 있다.

그러나 일반직은 아예 부탁이라는 것을 모르고 사는 직원이 대부분이다. 필사가 수원지방법원 근무 때 들은 일화로 형사 합의 사건부의 J 부장이 재판을 마치고 입회 사무관 K와 저녁을 먹었다. 그 자리에서 J부장이 "나는 서울·인천 법원에서 근무 할 때 일반직에게 인기 있는 사람이었는데 K 사무관은 판사실에 한 번도 안 오는가?"라고 하자 K 사무관이 "나는 죄지은 놈들 봐 달라는 짓은 하지 못할 뿐만 아니라 형벌권을 팔아먹는 놈들을 경멸한다"라고 하니 부장판사가 발끈해서 술잔을 내 던졌다고 한다.

　최 모 판사를 모셨던 장 모 계장이 판사실에 올라가 판사에게 사건을 부탁하였더니 "당신이 피고인의 대리인이냐?"라고 핀잔을 주기에 더 이상 말을 못 하고 내려왔는데 나중에 선고한 초고를 보니 집행 유예를 달았다가 지웠다고 했다. 괜히 부탁하였다가 엉뚱하게 석방되어 나올 사람을 나오지 못하게 만들었다며 그 판사를 "죽일 놈, 살릴 놈!"이라고 울분을 토로했다. 그 판사의 오기는 누구에게 부리는 것인가.

　법관과 일반직과의 관계는 불가근(不可近)·불가원(不可遠)의 관계라고 해도 틀리지는 않다. 그러나 서로 신뢰하고 원만한 관계를 유지하는 것이 필요하다.

　필자가 북부 지원에 신청 과장으로 재직 시, 경매 담당 판사인 김 모 판사(K. Y. B.)는 같이 일하는 계장을 전적으로 신임하고 계장이 작성해 오는 서류는 살펴보지도 않고 도장을 찍어 주었다. 그러니 더욱 열심히 사건을 챙기고 실수 없이 일하였다고 했다. 판사가 세심하게 살피면 계장들이 오히려 일을 대충대충 한다는 말도 하였다.

　판사가 일반 직원들에게 일을 시키는 것으로 생각하지 말고 일을 하게 하는 생각에서 일반직을 신뢰하고 책임감을 지니고 일하도록 하면 서로 수월하게 일할 수 있다. 아울러 그렇게 되면 업무 효율도 증대되는 것을 판사들이 알았으면 하는 아쉬운 마음이 재직 시 있었는데 지금 근무자들에게는 그런 아쉬움이 사라졌을까 자문해 본다.

　필자가 서울지방법원 총무과장 재직 시 대법원 감사관으로 있는 모 부이사관에게 들은 일화이다. 대법원 기획실 소속 기획 담당관은 평판사가 보임하는 자리이고 나이가 젊은 사람이다. 그런 어떤 행사에서 일반직 감사관(법원 부이사관)보다 의전 서열이 낮게 설정되었다고 불만을 강하게 표출하여 (실은 같은 직급인데도) 결국 자리를 바꿔주었다고 했다. 젊은 판사들이 직급만 따지고 나이 든 일반직은 안중에도 두지 않는 모습에 마음이 씁쓸했다고 하였다. 하긴 젊은 판사들이 나이 든 일반직 국장을 보고 인사를 하는 경우는 거의 없고 일반직 앞에서는 귀족(선량)처럼 행세하며 일반직을 무시하는 태도가 역력하다. 일반직들이 판사들에게 바라는 것은 높은 대우가 아니라 하수인 정도로 무시하지 말라는 것이고, 다만 같은 법원 구성원으로서 가족처럼 여기면서 서로 존중하자는 것이다. 그런데 꼭 구별하면서 달리 취급을 하려는 태도에 불만이 있는 것은 엄연한 현실이다.

예전에는 법원 주사보 이상의 조서 날인용 인장이 약간 큰 사각(四角)이었고, 판사들의 도장은 작은 원형이었다. 그것이 기분 나쁘다고 하여 일반직의 인장을 판사의 것보다 작은 원형으로 하도록 규정을 변경하였다. 어느 일반직 계장이 판사는 백인이고 일반직은 흑인 같다는 푸념을 할 수밖에 없는 현실이었다.

법원의 판사실은 어느 곳이나 건물 위층에, 일반직의 사무실은 언제나 판사실 아래층에 있다. 그래서 일반직들은 기록을 들고 항상 상층인 판사실로 들고 올라가야 한다. 그러다 보니 판사들은 일반직을 항상 불러올린다고 말한다. 이는 검찰청의 검사실과 일반직의 사무실이 같이 있는 것과 비교되고, 움직이는 선(動線)이 상하로 되었음으로 인해 업무 효율이 떨어지는 것은 아예 무시하고 판사의 위상 지키기에 연연하는 행태는 안쓰러울 정도다.

이 정도로 판사들은 자신들을 스스로 높이고 일반직을 차별하는 데 주저하지 않는 것 같다. 사람 간의 관계에서 대우는 직급이나 능력만으로 받는 것이 아니고 그 자신의 인품과 덕성으로 받는다는 사실을 일부 법관들이 잊고 사는 것 같아 법원 생활 내내 아쉬웠다. 그 차이가 사법고시 합격 여부의 차이라면 할 말은 없고 고시합격으로 얻은 권세라면 어쩔 수 없다고 체념해야 하는 현실이 안타깝다.

판사들은 사법 고시를 통해 선발된 수재들이요 법을 좀 더 많이 아는 사람이라는 것은 인정하지만, 교양을 갖추고 품격을 지닌 지성인들이라고 인정하기는 어렵다. 판사들은 실제 법관 생활을 통해 인간적 성장 과정을 더 거쳐야 한다.

그러나 그들은 사법고시에 합격하고 판사가 된 것만으로 모두 갖춘 것으로 행세하고 일반직을 한 계단 아래에 두고 무시하려고 한다. 일반직은 판사들을 부러운 직업(직위)으로는 보지만 마냥 부러운 사람으로는 보지 않는다. 고시합격을 했다는 것만으로 대단한 존재로 보지는 않으려 한다. 특히 인격 면에서는 서로 다를 바가 없다는 생각이다. 하지만 그들을 선량으로 대우해주는 것은 조직 구조상 피할 수 없기에 조직원으로의 도리를 다하려는 일반직의 심정을 헤아리고 일단 무시하는 태도는 지양했으면 하는 바람이 지금도 법원 일반직들에게 남아있으리라 본다.

법관들을 밖에서나 안에서 지나치게 대접하니 그들은 대접받는 데 익숙해져 체질화되었다. 많은 판사가 자신들은 대접을 받으면서 남을 대접하는 것을 잊고 사는 것 같다. 음식점이나 술집에서도 늘 대접받던 버릇이 몸에 배어 있다 보니 혼자서 식사하고 나서 계산을 안 하고 그냥 나오다 주인에게 불리어 들어가 계산하는 사례가 종종 있다는 그들의 얄미운 고백이 있을 정도다.

15) 판사들의 재미(?)있는 이야기

재판은 복불복이다.

필자가 어느 지법의 지원과장으로 재직 시 어느 날(1994년 6월경) 오전 지원장실에서 국·과장들이 결재를 마치고 한담 중에 지원장이 자기는 변호사를 하다가 임관된 사람으로서 변호사시절 겪은 경험을 들려줬다. 그는 다짜고짜로 앞 뒤 설명 없이 "사실 재판은 복불복이고 판사를 잘 만나야 제대로 된 재판을 받을 수 있다"라고 말하였다. 이어서 그는 "내가 부장이 되어서 부장들끼리 어울리는 술자리에서 지금과 같은 소리를 했더니 모 부장이 형사사건은 몰라도 민사사건에는 그런 일이 전혀 있을 수 없다고 강력하게 항변했으나 나중에 그 부장이 자기에게 와서 지원장이 한 말이 사실이라면서 자기 아는 사람이 민사소송을 제기하려 한다며 그 승소 여부를 그에게 상담해왔을 때 그는 "그런 소는 제기해도 절대 이길 수 없다"고 대답해 주었는데, 나중에 알고 보니 변호사에게 의뢰해서 승소했더라며 그럴 수가 있느냐?고 혀를 찼다는 것이었다.

판사가 직접 하는 이야기지만 듣는 나도 마음속이 씁쓰레하고 그 말을 전적으로 부인하기도 어려워 법원 직원의 한사람으로서 만감이 교차했다.

* 소신인가? 고집인가?

　1993년경 전북의 어느 지원에서 근무했던 조 모 판사는 검찰에서 사건 처리에 있어 사안의 중요성에도 불구하고 정식사건을 피하여 약식 사건으로 처리했다. 벌금 액수도 사안과는 달리 기준이 들쑥날쑥함을 개선하고자 검사의 구형량에 구애받지 않고 검사가 요구한 벌금액을 가감해 선고했다. 그러자, 당시 지청장이 지원장에게 찾아와 검찰의 체면이 말이 아니라고 하면서 지원장이 말려달라고 하자, 지원장이 조 판사에게 지검장의 입장을 봐서 특별히 문제가 있지 않으면 구형대로 선고해 주라고 권했다. 그래도 막무가내로 듣지 않으니 지원장 본인이 업무분장을 바꾸어 스스로 처리하였다고 한다.

　그런 지원장이 직원들과 사건에 연루되는 것을 꺼려 일체 접촉을 피하였고 특히 형사 피의자의 구속 영장 처리를 직접 했다. 직원들의 부탁을 염려하여 관사에서 영장을 심사하고 가족을 통하여 영장을 전달할 정도로 매사 조심했다고 한다.

　회식 자리에서도 너무 엄격하고 권위적이어서 소속 직원들의 불만이 팽배하던 차 어느 날 법원 밖에 마련된 회식 자리에서 어느 주임이 취한 나머지 지원장에게 "회식 자리에서도 판사 놀이하느냐?"라고 핀잔을 주었는데 그 후부터는 다소 변해 부드러워졌다고 했다.

　그 지원장은 검찰과는 원만한 관계를 유지하기 위해 노력하면서도 직원들과는 엮이지 않으려는지 철저히 피하면서 보신주의로 일관해 판사로서는 상부로부터 인정을 받았다고 들었다. 아무리 자기 보신이 우선이라고 해도 세상만사 마음먹기 나름이지 일반직을 그렇게 애써 피하지 않으면 안 되었냐? 라고 묻고 싶다.

내가 아는 김 모 계장이 동부지원(지금은 동부지방법원)근무 당시 숙직 중에 도둑을 맞았는데, 판사실과 일반직 사무실이 모두 털렸고 그 액수도 커서 책임을 지고 변상해야 했다. 하지만 일반 직원들은 동료의 딱한 처지를 생각하여 변상을 받지 않았으나 판사들은 모두 변상을 받았다고 했다. 이 사건을 통해서 판사들의 의식을 새롭게 확인하는 계기가 되였다고 한다. 만일 당직자가 판사였다 해도 그렇게 하였을까?

성질 사납기로 유명한 김 모 판사가 재판 중 법정에서 기록 정리를 잘못하였다고 해당 기록을 입회 계장 책상으로 내 던졌다. 그러자 입회 계장인 황 모 계장이 말없이 일어나 법정 밖으로 나가 재판이 중지되었다. 그날 퇴근길에 황 계장이 다방에서 김 판사를 만나 "더이상 같이 근무하지 못하겠으니 이제 결별하자"라고 통보했다. 그런 후 그는 전보 발령을 받아 근무지를 옮겨 서로 안 보게 되었다고 하였다.

법원장들 가운데는 평소에 찾아드는 손님들이 너무 많아 그들을 상대하느라 부하 직원들의 결재를 제대로 하지 않아 어려움이 많았는데, 이중에도 이 모 원장·정 모 원장이 아주 심하다고 소문이 자자하였다.

수원에 근무하였던 안 모 법원장은 타자수의 기록에 오타 등 실수가 있으면 바로 찢어버리면서 다시 쳐오라고 자주 그러자 그 타자수는 "찢지 말고 고칠 데만 알려 달라"고 하니 법원장은 대든다며 "그럴 테면 나오지 말라"고 맞받아치면서 서로 감정이 격화되어 심한 욕까지 건네며 다투고 타자수는 그날로 사표 쓰고 나가버린 일도 있었다.

16) 판사들과 변호사들과의 관계

법조 클럽의 회원들이다.

판사나 변호사는 다 같은 법률전문가라는 점에서 같으나 활동영역(재조·재야)이 다르다.

또 판사는 법원구성원으로서 재판하는 사람이고 변호사는 법원 밖에서 변호하는 사람이라는 점에서 구별이 확실하다. 판사는 재판 업무를 담당하는 국가기관이고 변호사는 소송당사자의 의뢰를 받아 재판을 당사자에게 유리한 방향으로 이끌어가는 소송조력자라는 것은 누구나 다 아는 사실이다. 그러나 그들의 업무영역 중에서 내부인(법조인)이 아니면 알 수 없는 좀 더 세심한 부분을 알려 드리고자 한다. 그들은 서로 소송과 관련하여 법정에서 만나지만 법정에서만 만나는 관계가 아니라 법정 외에서도 만나는 관계이며 오히려 법정 외 관계가 더 의미가 있을 수 있고, 법정 외 관계를 변호사의 입장에서 소정외(所定外) 변론 또는 법외정(法外廷) 변론이라 하는데 사실 문제가 적지 않지만 인정 할 수밖에 없는 현실이라고 할 것이다.

* 판사와 변호사는 공생관계다.

판사와 변호사는 사시 출신이거나 로스쿨(Law school) 출신으로서 출발선이 같은 동류이고 법정에서 만나야 하는 필연의 관계이다.

 판사가 변호사의 체면과 권위를 세워주는 것이 나중에 판사들도 변호사를 할 것이기에 당연하다. 변호사는 판사의 권위와 체면을 세워줘야 상대적으로 함께 존대를 받고 박대를 면한다는 것은 분명한 사실이다.

 그러나 수많은 변호사와 판사들 사이에 완전한 수평적 공생은 어렵다. 학연·지연·연수원 기수 등에 따라 친소관계가 다 다르다. 특히 임관 여부에 따라 친소관계가 매우 다르다. 그 친소관계에 따라 서로 활동 범위가 다르고 역량도 달라 불평등·공생관계가 이루어진다.

 흔히 말하는 '전관예우'는 세상의 질타를 받지만 절대 없어질 수 없는 불행한 관례(전통)이다. 전관예우를 오히려 판사들이 즐기고 있다는 느낌이 들고, 변호사들도 전관예우를 이용하여 남달리 고액의 수임료를 받는 즐거움을 맛보고 있는 게 사실이다. 이렇게 말하면 개인적으로 단호하게 부정하는 사람이 있을 수도 있으나 위 사실이 틀리지 않음을 필자는 자신한다.

 판사가 퇴임하고 변호사로 개업하면 예전 경력을 내세우지 않는 사람이 없고 판사치고 엊그제까지 같은 법원에서 얼굴 보던 사람을 안면 무시하고 외면하는 일은 차마 할 수 없다. 그뿐만 아니라, 자기도 훗날 개업해서 대접을 받으려면 마구 대하기는 감히 생각할 수 없는 것이 현실이다. 물론 개업을 안 할 경우라면 모르나 개업을 안 한다 해도 변호사들로부터 비정한 사람으로 낙인찍히는 것을 바라는 사람은 많지 않을 것이다.

요즘은 아니나, 필자가 입회하던 때는 변호사가 판사실을 자유롭게 출입했다. 변호사가 판사실에 다녀가면 친소관계를 떠나 빈손으로 왔다가는 일은 거의 없었다. 이는 판사실에서 근무하는 직원들의 입에서 나오는 공통된 이야기다. 만일 매번 빈손으로 판사실을 찾아가면 그러한 일이 판사들 사이에 소문이 자자하게 퍼져 냉대를 받았다고 한다. 그러기에 변호사가 판사실을 아예 찾지 않으면 몰라도 찾아가면 필수적으로 인사(?)를 해야 하는 것이 예의이자 관행으로 자리 잡고 있었다. 그런 적폐가 있다 하여 법원에서는 변호사들의 판사실 출입 사항을 장부(판사실 출입자 기록부)에 기록하여 통제하는 사례까지 있었다. 그런데 판사실 출입을 막는다 하여 다른 접근 수단이 얼마든지 있을 수 있어 그 관행이 당장 없어지지는 않았다. 그 후로 변호사는 변호사회에서 판사는 법원에서 윤리강령을 만들어 자체 정화를 위해 노력해왔기에 지금은 거의 사라진 상태라고 한다. 하지만 정말 완전히 막을 수 있는 일인지 의문이고 도리어 더욱 은밀해질 것으로 생각되며 완전히 사라질 것 같지는 않다.

필자가 1980년대 초 남부지원 형사 합의부 입회를 하던 중 판사들과 점심이나 저녁을 먹고 계산하는 것을 보면 우배석이 늘 계산했는데 그들 하는 말로는 우 배석을 "총무"라고 하였다. 총무는 판사실 경비 담당자로서 그 경비 조달은 외부에서 하는 것이지 자기들 호주머니에서 나오는 것이 아님은 분명했기에 그러한 관행의 현실성을 담보하는 것이라 할 것이다.

법조 주변 정화 작업이 계속해 추진 중일 때는 확 터놓고 만난다

기보다는 서로 조심하였고 차차 많이 정화되고 변화되었다. 하지만 지금도 변호사들이 비밀이 보장되는 은밀한 장소에서 판사들을 대접하는 것은 알려진 비밀이라고 한다.

판사들은 변호사들에 대한 능력·인품·신뢰도 등에 대한 정보를 알고자 하고 변호사들은 역시 판사들에 대한 평판·능력·출신 등에 관하여 정보가 있어야 소위 소정외 변론(법정이 아닌 다른 데서 은밀한 접촉)을 할 수 있다.

지금은 정보의 홍수 시대라 판사에 대한 정보를 얻는 데는 그리 어렵지 않다. 그러나 예전에는 그 정보를 법원 내부로부터 얻는 것도 힘들었다. 특히 사건 담당 판사가 어떤 사람인지를 알아보려는 변호사 사무장들의 전화를 현직 때 받아 본 일이 이루 헤아릴 수 없이 많았다.

사건을 의뢰하기 위하여 변호사 사무실에 가서 상담하면 전직 판사인 경우, 먼저 법원 경력을 말하고 현직 판사들과의 교류 관계·친소관계를 밝히고 자랑하면서 자기 능력을 과시한다. 검사 출신이면 역시 유사한 자랑을 하며 사건 해결 능력을 장담하곤 한다. 그런 것을 보아도 변호사가 판사들과 친소관계에 따라 재판에 영향을 준다는 것을 스스로 인정하고 있다.

심지어 어떤 변호사는 사건을 의뢰받으면 담당 재판부를 확인한 후 어떤 식으로든지 연관 관계를 만들어 당사자에게 알리고 당사자를 안심시키려는 노력도 한다는 것을 들었다.

변호사들은 법원 판사들과의 관계를 밑천으로 돈벌이를 하고 있다고 할 것이고 사건 의뢰인들이 변호사를 선임하려 할 때 변호사의 선임조건으로 전관예우를 받을 수 있는지를 최우선으로 중요하게 여기는 경향이 강하다. 그 무엇보다도 형사사건은 검사 출신 변호사를, 민사 사건은 판사 출신 변호사를 선호하는 것을 보아도 부정할 수 없는 사실이다.

필자가 입회할 당시(1982년) 부장판사로 퇴직하여 개업하면 1년 이내에 평생 먹을 것을 번다는 소문이 있었다. 필자가 아는 어느 원장은 개업한다고 소문을 내자마자 미리 대형사건을 수주해 억대가 넘는 개업 자금을 개업 전에 확보하였다고 자랑하였다.

수원에서 개업한 정 모 부장판사는 개업하고 수임료 2천만 원 이하는 수임하지 않는다고 자랑하는 것을 보아도 전관예우는 보통의 상식을 넘고 있었음을 알 수 있다.

필자가 남부지원에서 같이 근무했던 이 모 판사는 자기 형(兄)이 사업 실패로 집안이 매우 어려워지자 사표를 내고 변호사로 개업을 했다. 그리고 3년 만에 집안을 일으키고 여유 있게 사는 것을 보아도 전관예우는 판사나 검사의 축복이고 대박(로망)이라 하겠다.

전관예우 문제를 떠나서도 판사들이 변호사 있는 사건과 변호사 없는 사건을 애초 달리 취급하는 게 상식이다. 특히 형사사건에 있어서 구속 적부심과 보석 청구는 변호사가 선임 안 된 건은 별로 관심을 보이지 않는다. 또 변호사가 누구냐에 따라 대하는 태도가 다르다는 것이 부정할 수 없는 현실이다. 그래서 구속 적부심에는 판사 잣대가 아니라 변호사 잣대라는 말도 있고, 보석 청구는 변호사

없이는 내지도 말라는 말도 있다. 그러기에 변호사 밥은 판사가 먹인다는 말도 있는 것이다.

판사는 민사 사건의 보존 조치인 가압류·가처분 등의 신청에 변호사가 없으면 부담을 갖지 않고 처리하여 진행도 느리고 인용률도 낮다는 것이 일반적 통례로 자리 잡은 현실을 아니라고 부인할 수는 없을 것이다. 그 점을 이용하여 자신들의 입지를 내세우는 것이 수단화되었다.

세인의 주목을 받는 대형 형사사건에서 수 명 또는 수십 명의 변호사가 단체로 붙는 경우는 우선적으로 판사나 재판부와의 연관성을 어떻게든 찾으려는 것이고, 수단과 방법을 동원하여 최선의 결과를 얻기 위해 종합적으로 대처하는 변호조합이라 할 것이다. 순수하게 법리 다툼이나 정상 참작을 바라는 변호라면 단수 변호사나 유명 법무법인 한 군데 정도로 충분할 것임에도 그렇게 하는 것을 보면 위와 같은 전관예우와 소정외 변론이 부정될 수 없음을 알 수 있다.

법조계에서 "변호사는 절대 공밥은 먹지 않는다"라는 말이 있다. 이와 관련해 변호사들의 실력으로만 그 말의 신뢰를 얻는다면 좋겠으나 필자는 판사들이 그 말의 신뢰를 담보해 준다고 본다. 사건 진행의 상대적 편리, 배려는 물론 법정에서나 재판 과정에서 보이는 또는 보이지 않는 우대를 통하여 변호사의 입지를 세워주는데 판사들이 적잖은 애를 쓴다는 것은 법원 안팎에서 누구도 부인할 수 없는 상식 중의 상식으로 자리 잡혔다.

사건 의뢰인이 변호사들에게 재판을 이겨달라는 소송이 아니라 시간을 질질 끌어 달라는 부탁도 한다. 이는 적극적 당사자(원고)가 아니고 소극적 당사자(피고)가 부탁하는 사례다. 이는 상대방을 골탕 먹이려는 의도나 강제 집행을 지연시키려는 등의 목적일진데, 그런 요구를 받으면 변호사는 "얼마나 끌어드리면 되는가요?"라고 물어본다 한다. 그 말은 재판 진행을 어느 정도 자기 의도대로 할 수 있다는 뜻으로서, 재판부와 심리기간 조율이 가능하다는 거다. 이는 판사들과 짜고 재판을 할 수 있다는 것으로 판사도 그런 냄새를 맡고 변호사의 입장을 살펴주는 것이 동업자 관계라는 사실을 말해주는 것이다. 변호사는 소위 지는 재판에도 고액의 수임료를 받는 재미를 누리는 사람임을 설명해 주는 것이다.

우스갯소리로 "판사는 울퉁불퉁해야 하고 변호사는 말랑말랑해야 한다"고 한다. 형사사건의 형량이 들쑥날쑥하고 민사 사건의 승패가 뒤죽박죽 해야 변호사들이 일거리가 생긴다고 해도 틀린 말은 아니다. 변호사들이 자기가 의뢰받은 사건의 배당이 누구에게 되느냐에 관심이 높은 것은 판사의 성향에 따라 재판 태도나 판결 내용이 다르기 때문이다. 아울러 담당 판사를 아느냐 모르냐에 따라 변론의 수단과 방향 결정에 중대한 영향이 있기 때문이다.

필자가 입회 시절에는 "유능한 변호사는 사건 배당부터 신경을 쓴다"라는 말이 있었다. 심지어는 "변호사가 판사의 배당 작업까지 한다"라는 말도 돌았다. 법원에서 가끔 배당 사고가 실제로 발생하는 것을 보아도 그 말이 거짓이 아님을 알 수 있었다. 특히 형사사건은 어느 판사에게 배당되느냐에 따라 형량을 예측 할 수 있는데 구치소에 복역 중인 사람들 간에는 판사의 판결 성향을 분석하여 "옥중 선고"를 한다고 했다. 심지어는 변호사들의 능력까지도 알고 있어 가족이 구치소로 면회 가면 아무개 변호사를 선임하라고 귀띔해 주기도 한다고 했다.

판사에 대한 정보가 구치소 내 피고인들에게 최고의 관심사가 될 뿐만 아니라 변호사들에게는 필수의 정보가 되어 수임 사건의 대처에 귀중한 자료로 활용되었다. 형사사건과 달리 민사 사건은 배당 문제가 별로 문제 될 것이 없으나 만일의 경우 예기치 않은 재판부에 배당되면 사건을 취하하고 새로 접수하는 일도 있다는 것은 소문만은 아니다.

예전에는 사건 배당 때문에 사고가 종종 있었기에 공정한 배당을 위하여 은행알 추첨식으로 하였다. 지금은 어떤 식인지는 모르나 비밀과 공정이 보장되었다 할 것임에도 그때나 지금이나 어떤 것도 사람이 하는 한 그 틈새를 헤집고 묘책을 찾으려 할 것은 아닌가 싶다..

법조계도 지금은 과거와 달리 많은 분분이 발전되고 개선되었다. 그러나 판사가 변호사가 되고, 변호사가 판사가 되는 현실에서 변호사와 판사들의 상호 공생관계를 막을 수 없다. 전관예우도 어쩔 수 없는 생태적 환경(문화)이라면 그로 인해 발생하는 부조리와 적폐를 완전히 막을 방법이 없을 것이다.

필자가 법원에 들어갈 당시인 1970년대 중반부터 최근까지 전관예우 근절의 필요성을 계속 주장[2020.3.17. 법무부-법조계 전관 특혜 근절방지안 발표, 2020.12.03. 변호사법 개정안 예고(전관 변호사 수임 제한)]하는 것을 보아도 근절은 불가능하고, 다만 너무 심하지 않도록 감시·통제하는 것으로 만족해야 할 것 같다. 국민이 수인할 수 있는 정도로 법조인들 각자의 양심과 인격으로 그 해결을 기대할 수밖에 없다고 필자는 결론짓고 싶다.

예전에는 물론이고 지금에도 현직 판사 검사들이 개업만 하면 1년 이내에 상당한 수입을 올리고 있는 것은 전관예우 덕택이 분명하다. 그러기에 전관예우가 없어진다면 맘 놓고 변호사 개업을 할 사람이 거의 없고 승진에 밀려 마지못해 개업할 것이라는 생각을 지울 수 없는 게 안타까운 심정임을 어쩌랴?

거듭 말하지만 사실상 전관예우의 근절이 불가능하다. 다만 희망 사항일 뿐이다. 재판을 기계가 한다면 모를까 사람이 하는 한 불가하다고 생각한다. 그 이유는 판사는 사람이고 사람은 인정과 사정을 외면하고 살아 나가기 어렵다. 국사도 사정이 있다는 말 같이 법대로만 할 수 있는 사람은 없고, 더욱이 "판사가 제일 무서워하는 것은 안면"이라고 할 만큼 안면을 전혀 무시하고 살기는 매우 어렵다. 실속과 인심을 동시에 얻을 수 있는 전관예우는 근절이 된다고 하는 생각 자체가 우스운 것일지도 모른다. 일부는 "그런 재미도 없으면 무슨 재미로 판사를 하느냐?"라고 우스갯소리가 아닌 진심을 고백하는 판사도 있음을 알아야 한다.

전관예우의 문제는 법원보다도 검찰이 더욱 심함은, 법원은 재판이 공개적이고 대립 당사자간 변론 절차를 거쳐서 비밀이 거의 없다, 그래서 봐주는 것도 한계가 있으나, 검찰은 대부분 비공개적이고 거중 조정이 가능하기에 전관예우의 폐습이 상대적으로 쉽다고 할 것이다. 그 수단도 대면 또는 비대면 간에 쉽다. 폭력배 일제 단속, 퇴폐 업소 일제 단속, 마약 범죄 일제 단속 등은 전관 검사를 위한 행사이고 특히 검사 출신 전관 변호사가 즐기는 소위 몰래 변론(전화 변론)은 지금도 여전하여 그 대책을 마련한다는 것이 겨우 중벌 규정(2년 이하의 징역 또는 2,000만 원의 벌금)이라는 것이다. 그것으로 근절이 아니라 다소 억제라도 된다면 만족해야 할 상황이다.

법률신문 2020년 12월 3일 자 관련 기사

이에 더하여 전관예우 문제가 법원과 검찰만의 문제가 아니다. 정도의 문제일 뿐 행정부도 있다는 사실에, 근절이 아니라 개선의 문제라는 주장이 설득력 있는 것이 아닌가. 현관이 전관에게 예우한다는데 근절의 문제로 보기보다는 정도의 무제로 봄이 차라리 속 편할지도 모르겠다.

위대한 포기가 요구되고

장엄한 결단이 요구되고

숭고한 용기가 요구되는 전관예우근절문제

그러기에 불가하다.

그러나 나는 전관예우를 꼭 없애고 싶은 간절한 이유가 있다. 그 이유는 전관예우의 간접수혜자가 돈 있는 사람들이기 때문이다. 돈 없는 서민은 비싼 전관예우 변호사 옆에 갈 수가 없다. 그 서러움(接近禁止·접근금지)을 어찌 가볍다 할 것인가.

17) 판사들의 성비(性比)에 따른 꼴(분위기)

전에는 여판사가 귀하고 대부분 남자 판사들이 주류를 이루었는데 지금은 여판사가 절반 가까이 되어 분위기도, 판결 성향도 전과 다르다고 한다. 당사자들도 자기 사건을 어떤 판사가 담당하는지 관심이 많고 성별은 별로 구분하지는 않는 것 같다. 하지만 보통은 젊은 판사보다는 나이든 경력(경륜) 판사를 원하는 경향이 있는데 이는 신뢰성 문제라고 볼 것이다. 특히 남자들 가운데는 젊은 여자 판사가 자기 사건을 담당하는 것을 좋아하는 사람은 별로 못 보았는데 그 이유가 사회 경험 부족 때문이 아닌가 싶다.

필자가 가정법원에 근무 당시(1990년도) 정 모 여판사는 이혼 심판 청구 사건 심리 시 여자의 위자료 청구를 남다르게 인정(70~80%)하는 것으로 소문나 있었다. 남자의 이혼청구는 기각률이 높아 남자 이혼청구자가 그 판사에게 걸리면 사건을 취하하고 다시 청구하기도 한다는 말이 들리기도 했다.

그런데 그 판사는 결혼도 안 한 독신녀로서 혼인 경험도 없이 그런 태도를 보여 모두 달리 보았다 한다. 물론 판사가 인생 경험과 경륜이 쌓였다 하여 재판을 잘하는 것은 아니지만 남달리 표 나는 재단을 하는 사람은 그런 부분이 부족한 것으로 보는 것이 전혀 엉뚱하지 않을 것이다.

근래 여판사들이 법원에 대거 진출해 예전에 여판사에 관한 경이

로움은 줄어들었다. 법원장이나 대법관이 되어도 전혀 놀라운 일이 아니다. 법원 판사조직의 전체 구성은 여전히 남자가 많으나 그 판세가 조만간 뒤집힐 것으로 보인다. 앞으로 법원 분위기가 어떻게 변할지 궁금해진다. 현재 여판사에 대한 일반적인 평은 대체로 좋으나 여자이기에 겪는 문제(가사·보육)가 있기에 근무 분위기를 단조롭게 이끌어 간다는 불만이 반대편에서 있다는 말도 있다.

18) 가정법원에서 겪었던 일

필자가 가정법원 재직 시(1990년) 협의 이혼입회를 할 때 국내 유명인사(교수·정치인·재벌)가 이혼을 신청해 옴에 따라 본인여부를 확인하는 과정에서 이혼사유를 물어보면 대체로 숨기고 쉽게 말하려 하지 않아 그들의 파경이유를 알 수가 없었다. 약간 주제넘게 별다른 이혼사유가 아니면 접수 단계에서 한번 말려 보려고 사유를 물어보기도 했으나 그 결과는 신통치 않았다. 아마도 법원까지 온 것이라면 마음에 결심이 섰기에 더 이상 다른 여지가 없기 때문이라고 생각 들었다.

이혼하러 온 사람들이 기분 좋을 수는 없겠으나 판사 앞에서 이혼 의사 확인 절차를 밟는 과정에 대부분 태도가 밝지는 않고 어색한 분위기로 임한다. 가끔 불량한 복장이나 술 취한 모습 등 태도가 매우 불량한 사람이 있다. 한 부부의 경우 남자는 슬리퍼를 신고 여자는 껌을 씹으며 들어와 법대 앞에 서서 매우 불손한 태도를 보였다. 그러자 담당 판사가 그 태도를 나무라고 밖으로 내보냈다가 맨 나중에 확인해주기도 하는 것을 보았다.

협의이혼은 판사들이 이혼당사자에게 이혼 의사(결심)를 확인하는 정도에 그치고 그 이유까지는 알려고 하지 않는 것이 보통인데, 유달리 김 모 판사는 이혼의사확인을 넘어 불필요한 신문을 많이 하고 듣기에도 거북한 말을 하였다. 가벼운 훈계조의 말은 할 수 있다고 보나 지나치게 비아냥거리거나 모욕적인 언사가 심했다. "바람

피웠구먼!", "딴 여자가 있어 이혼하는 것 아니야?", "결혼을 장난으로 알아?", "그동안 데리고 살았으면 위자료는 좀 주워야지", "처녀 버려놨구먼", "새끼들은 누가 키울 것이요?", "다 늙어서 웬 이혼이오?" 등등의 말을 거침없이 했다. 그런 말을 들어도 되는 사람이라 해도 이혼하는 마당에 그런 소리를 할 필요가 있는지, 그러는 판사도 문제지만 그런 소리를 듣고 참는 그 사람들 역시 문제가 있는 것 같았다. 그때는 몰라도 지금 사람들은 그런 말을 듣고 가만히 있지 않고 아마 인격 모독으로 즉시 항의하거나 고소할 것 같다.

당시 특별한 해프닝으로 기억되는 일화가 있다. 법원장 부인이 자기 며느릿감을 데리고 각 사무실과 법정을 돌며 법원 순람(巡覽·여러 곳으로 돌아다니며 봄)을 하다가, 필자가 입회하는 협의이혼 법정에도 예고 없이 문을 열고 들어 왔다. 그때 해당 판사가 그 사실을 모르고 호명한 당사자가 아닌 사람이 들어오기에 나가라고 소리쳐 내보냈다. 나중에 알고 보니, 원장 부인을 원장 비서관도 아니고 사무국장이 모시고 다니면서 법원 순람을 시켜주었다고 한다. 그때뿐만이 아니고 그전에도 다른 가족이나 친구들을 법원 순람을 시켰다는 것이었다. 그 원장 부인은 자기 남편이 근무하는 법원이 자기 집안의 개인 회사로 착각하고 주변 사람들에게 널리 보여주는 마음씨 좋은 사람이었던 모양이다. 법원장이 그 사실을 알았을 텐데 그런 행차를 같이 즐기셨는지, 아니면 공적 공간과 사적 공간을 구분 못 하는 사고방식을 애초 갖고 태어난 것인지, 아니면 누구로부터 배운 것인지 묻고 싶다.

19) 판사들의 스타일

판사들의 근무 스타일 중 개성적인 면을 떠나 판사라는 직을 수행하는 성향을 총체적으로 세 가지로 분류하면 다음과 같다.

첫째는 강남스타일이다.
이는 출세와 부를 같이 추구하는 스타일로 연수 성적이 좋아 수도권에 근무하면서 요직을 두루 섭렵하며 승진도 놓치지 않는다. 최소한 고등부장 명패를 달기를 바라며 그 이상을 바라보지 않아도 퇴직하고 변호사로 개업하여 전관예우를 받아 여유 있게 살만한 부를 축적 할 수 있는데 그 정도면 뜻한 바를 이루었다고 여기는 판사다.

둘째는 강북 스타일이다.
판사들의 일반적 스타일로 연수원 성적이 보통이어서 높은 승진을 기대하기 어렵고 배경도 없어 무난한 판사 생활을 하다 지방법원 부장판사 정도로 마치는 것에 만족하고 퇴직하여 변호사로 개업하면 선관예우를 받아 착실히 돈을 벌어 노후를 여유 있고 편하게 살려는 평범한 판사다.

셋째는 여의도 스타일이다. 판사이지만 평범한 판사 생활에 만족하지 않고 법원 내외에서 자기만의 개성을 보여 주변의 이목을 받고, 정치적 성향을 드러내거나 시류에 영합하여 정・관계로 진출하는 판사다. 특히 여의도 스타일 판사는 판사직을 새로운 도전의 발판으로 삼으려는 의도를 가진 특출한 부류이자 소수다. 이들을 정치판이나 행정부에서 스카웃 하려고 할 때 기꺼이 이에 응한다.

위와 같이 판사들의 외형적인 근무 스타일은 세 가지 정도로 구분할 수 있으나 그들의 내재적 마음가짐의 구별은 쉽지 않다. 관심법이나 심통술(心通術) 갖지 않으면 그들의 심사를 알 수 없다. 무엇보다도 그들이 재단(재판)의 기준이라며 입에 달고 사는 법과 양심 중 법이야 성문화되어 있거나 조리나 판례상으로 확립된 것이기에 그 합당한 적용 여부가 객관적으로 평가될 수 있다. 하지만 양심은 내부에 숨겨져 있어 그 정체를 가늠하기 어렵다. 또 양심의 잣대는 표준화된 것이 없어 판사들의 양심을 측정할 수 없다. 그러기에 판사들의 재단 기준인 양심은 본인이 그 존재를 재판을 통하여 구체적으로 증명해야 한다. 그런데 실은 양심이 있는지 없는지의 문제가 아니라 양심에 반하는 재단을 하는지 안 하는지가 문제다. 이는 구체적인 사건에 관한 판단으로만 나타난다 할 것이다.

일반적으로 판사들은 양심에 반하는 재단은 안 하고 있기에 사법기관의 신뢰가 유지되고 있고 당사자들도 판사들의 양심을 믿고 소송을 제기하는데 주저하지 않는다.

그러나 재판을 받아 보지 않는 사람들의 신뢰는 어느 정도 있으나 실제 재판을 받아 본 사람들의 신뢰는 그리 높지 않다. 이러한 실상에 대해 오늘날 사법부의 고민이 있을 것이라 하면 인정하지 않을 것 같으나 전혀 부정하지도 못할 것으로 생각한다.

법관에게 요구되는 최고의 순수한 양심(良心)은
실제로 존재하기 어렵고(솔직히 없고) 양심(兩心)이 존재한다.

    형사 재판에서는 검사와 피고인 중 어느 쪽을 봐줄(실체적 균형) 것인지, 민사재판에서는 원고와 피고 중 어느 쪽을 봐줄(법리적 균형) 것인지를 저울질하는 두 가지 마음이 있을 뿐이다. 왜냐하면, 일관된 양심으로만 재판하라는 요구는 실행 가능성이 없고 가능하지도 않다. 사람의 마음이 늘(절대) 한결같을 수 없으며, 그 기준이 서로 달라서 양심의 척도를 일정하게 하는 것이 불가하다. 차라리 균형 잡힌 양심(兩心)을 기대하는 것이 마음 편하다 할 것이다. 법관이 우리가 기대하는 순전한 양심을 갖고 있을 것이라는 믿음은 없지만 나름대로 갖춘 양심이 있다면 그 양심을 속이지 않아야 한다. 그 이유는 남을 속이려면 먼저 자신을 속여야 하므로 자신을 속이는 판사는 이미 판사(判事)가 아니고 판사(販士)이기 때문이다. 그렇다 하여 법관들이 양심이 없다는 말은 전혀 아니고 숨겨진 양심은 양심이 있다고 할 수 없기에 재판을 통하여 양심을 보여 달라는 것이다.

☞ 법관의 양심은 얼마인가요?

- 문: 문재인 대통령이 2020년 7월 22대 국회 개원 축하 연설 후 국회 정문을 나오는 순간 자신의 구두를 집어 던진 피의자가 구속 적부심에서 영장 담당 판사에게 한 말은?
- 답: 모든 법관에게 당신만큼의 양심은 있다. 다만 그 양심을 지키고 안 지키고는 법관에게 달려있다. 그러나 양심을 지키는 법관이 더 많다는 것은 확실하다. (단, 선서 안 하고 하는 증언)

　고대 그리스의 유명한 철학자 디오게네스가 대낮에 등불을 켜고 "사람 없소? 사람 없소?" 하고 다녔는데 그 이유는 당시 사람들이 무지하고 양심이 불량하여 사람 같은 사람이 없기에 한탄을 하면서 그렇게 하였다는 것이다. 지금 디오게네스가 살아 돌아와 "양심 있는 판사 있소? 양심 있는 판사 있소?" 하며 법원 주변을 돌고 있을 때 누가 손들고 뛰어나올지?

　영국의 어느 이름 있는 작가가 자기가 아는 정부의 고위급 인사(장관급)들에게 밑도 끝도 없이 "지금 당신들의 부정이 모두 들통났다. 당장 도망가라!"라며 전보를 쳤더니 전보를 받은 사람 모두가 여행 가방을 챙겨 공항으로 나왔기에 놀랐다고 하였다. 그런데 지금 당장 판사들에게 "판사님! 변호사들로부터 향응이나 뇌물을 받은 사람들의 명단이 모두 공개되었답니다"라고 메시지를 보내면 겁 안 낼 판사가 과연 얼마나 될까.

　솔직히 이러는 나도 양심에 가책을 느끼는 일이 없었다고 할 수가 없고 부끄러운 일이 없었다고 할 수 없다. 그러나 나름대로 정직하게 살려고, 특히 나로 인하여 피해를 보거나 원망받을 일을 하지 않도록 애를 썼다는 것이 지금까지 살아온 필자의 작은 위안이다. 이 글을 쓰게 된 변명이라고 하면 어떻게 생각할까.

이글은 비난이나 비판이라기보다 서두의 기록대로 법조 주변의 살짝 가려진 과거와 현실의 속사정을 세상의 창에 비쳐 작은 성찰을 얻는 기도 정도로 이해하여 주기를 바라는 것뿐이다.

20) 판사들에게 전관예우는?

앞에서도 어느 정도 기술하였으나 변호사들의 전관예우에 대하여 좀 더 살펴보자.

판사나 검사들이 재직 중에도 뜻을 세웠거나 승진에 탈락해 그대로 있기는 민망해 변호사로 개업하면 1년 안에 못 벌어도 10억을 번다는 소문이 1990년대 초부터 난 소문이다 (1992년 04월 01일 자 한국일보). 실제로는 그 정도가 보통이고 고등부장이나 법원장급은 그 이상의 수입을 올리며 대법관은 상상하기 어려운 부를 쌓을 수 있다는 소문이 돌았다.

그때는 지금처럼 세금도 제대로 징수하지 않고 추정 과세를 하던 때라 그야말로 돈벼락을 맞는 시대였다. 그렇다면 그와 같이 돈을 벌 수 있는 배경(이유)이 무엇일까? 바로 전관예우다.

전관예우란 소위 사건 몰아주기, 사건 봐주기, 사건 챙겨주기로서 개업 변호사에게 사건이 몰리도록 형사사건의 경우 형량을 관대하게 감형 선고하기, 보석을 잘 인용해 주기, 구속 적부심을 적극적으로 인용해 주기, 공판 기간을 단축하여 주기 등이다. 총체적으로 다른 사람보다 표시 나게 봐주어 사건이 전관에게 집중되도록 도와주는 것이다. 일반적으로 어렵다는 사건을 개업 변호사가 수임 시 특별히 선처하여 전관의 특혜를 누리도록 해주는 것이다. 심지어는 다른 변호사가 청구하여 불허한 보석도 전관이 새로 신청하면 허가

하는 사례도 있다. 같은 사안의 범죄 판결에 대해 모두 실형 선고가 예견되었음에도 전관의 특혜로 풀려나는 일이 허다하다. 또 실형을 받을 수밖에 없는데도 억지로 양형 감량 구실을 만들어 풀어 주기도 한다. 민사 사건에서는 증거 신청의 편의 봐주기, 재판 진행의 속도를 원하는 대로 조절해주기, 불리한 사건의 조정 유도하기, 각종 신청 사건의 신속처리 등 최대한의 편의와 예우를 해 준다. 특히 형사사건의 구속적부심제도와 보석제도, 집행유예제도는 전관예우를 위한 제도라고 해도 부정할 수 없을 정도이다. 전관들이 가장 잘 이용하는 제도이기 때문이다. 보통 변호사는 감히 생각할 수 없는 것도 척척 해냄으로 개업 초 삼 년 안에 평생 먹고 살 수 있는 돈을 번다고 하니 그렇다. (1992년 6월 18일 자 신문)

법에는 숨은 구멍(샛길)이 있다는 말이 있는데 전관들이 드나드는 구멍이라 한다. 그 구멍이 없다면 들락거리는 것이 너무 표가 나서 봐 줄 수 없는데 세인의 눈을 피해 숨은 구멍으로 출입하기에 좀 심하게 봐줘도 흔적이 남지 않아 무난하다는 것이다.

만일 그 구멍이 없었다면 굴이라도 파서 기어코 드나들었을 것이라는 생각을 지울 수 없다. 그만큼 전관예우는 그들에게 절실한 벼락 찬스이자 대박 찬스다. 하지만 그 찬스를 쓰지 않는 사람들이(최모·박모·조모) 분명히 있었다는 사실에 조금 위안을 받는 것에 만족해야 하는가.

법조 사정을 잘 모르는 사람들은 전관예우를 하는 이유는 잘 모르면서 전관예우에 대하여 무조건 비난 일색이다. 솔직히 말하면 전관예우는 무슨 이유가 있는 것이기보다는 있을 수밖에 없다고 본다. 왜냐하면, 전관예우 문제는 어제오늘 일이 아니고 법조 초기부터 있었으며 지금도 여전하기 때문이다. 그렇다고 그것을 완전히 없앨 수 없다고 단정할 수는 없으나 정도 문제일 뿐 근본적으로 없앨 수 있는 간단한 문제는 아니다.

좀 더 솔직히 전관예우는 법원 검찰 안에서 만들어 유지되는 것이다. 안에서 만드는데 밖에서 이를 제어할 별다른 수단이 없다. 그것은 그들의 권리이고 그들의 특권이고 그들의 생명이다. 현직들에게는 전관예우가 없는 앞날은 절망이다. 판사의 월급만으로는 노후가 없다, 체면 유지가 안 된다고 한다. 그래서 전관예우 보험 제도를 만들어 계속 유지해야 한다고 주장할 것이다. 후일 자신들도 보험금을 타려면 확실한 보험 제도를 유지해야 한다. 그들의 체면 유지와 노후보장이라는 절대적 소망은 전관보험을 먹고 살 수밖에 없다. 물론 태생 환경이 좋은 사람도 있고, 재력 있는 집과 결혼하여 여유롭게 사는 사람의 경우는 예외일 수 있으나, 그런 사람이라 하여 어떤 식으로든 예우받고 대접받는 것을 마다하지는 않을 것이다. 즉 전관예우는 법관이나 검사의 즐기는 마약이고 유흥이라 해도 부정하는 사람은 없지 않을까 싶다.

여기서 검사들의 전관예우를 필자가 법원 출신이라는 한계에 부딪혀 기술하지 못하나 판사들 못지않게 심하다는 것은 자신 있게 부연한다. 필자가 어느 검사 출신 변호사에게 들은 얘기다.

예전에 고위급 검사들이 퇴직하면 그들을 위해 특별 기획 수사,

'판·검사 1년 내 10억 수입'이라는 제하의 신문기사

특별 단속 수사(유흥업소·폭력배·밀수·마약 등)를 하여 사건을 몰아 준다고 하는데, 이런 것 말고 다른 수단도 있었을 것이 아닌가.

대한변호사협회는 소속 회원 중에 소위 전관예우를 받는 전관 변호사와 전관예우를 받을 수 없는 일반 변호사의 갈등이 심하기에 그 시정을 직간접적으로 꾸준히 요구하고 있다. 한때 회원들의 설문을 통해 공개적으로 시정요구(1992년 04월 01일 한국일보)를 하면서 구체적인 사례를 수집하여 공개한 것을 보면 그 정도가 예상 외로 심각하다. 가장 공정하고 공평하게 이끌어 가야 할 법조인들이 그렇게 하는 것을 국민이나 사건 의뢰인들이 과연 이해하고 넘어갈 수 있는지? 필자는 이런 변호사들을 "희가 난 도둑놈"이 아니라 "혀가 안날 강도"라고 비난을 넘어 분노하기까지 했었다. 그래도 당사자들은 할 말이 있는지 묻고 싶다.

전관예우의 최상의 문제이자 최고 특혜는 수임장을 제출하지 않는 '전화 변론', '몰래 변론'이다. 이는 소위 전화 한 통으로 끝내는 사건처리로서 완전한 탈세이자 최고의 수단(능력)으로서 오로지 전관예우의 극치다.

 이러한 전관예우에 대해 수단과 방법을 가리지 않고 동원해서 막는다 해도 이 방법은 방지할 방법이 없고 오로지 그들의 양심에 맡겨야 하는 문제일 뿐이라는 데 그 문제가 매우 심각하다 할 것이다. 전관 검사는 후배 검사에게 협조 아닌 지시 성격의 전화를 하고, 전관 판사는 후배 판사에게 협조에 대한 보은성 전화를 한다고 한다.

 그렇다면 검사들은 전화가 와야 봐주며 판사들은 전화 없이도 봐주고 후에 전화를 기다리는 것이 된다. 물론 전관 검사도 보은은 하겠고 만일 보은을 안 하면 두 번 이상 봐줄 여지가 없다고 하니 전관예우의 냉혹함도 엿볼 수 있다고 할 것이다. 이에 더해 전관예우라 하여 "한쪽만 좋으면 생명이 없다"라는 '공생의 원칙'이 철저하게 적용된다고 한다. 또 "받는 것이 있으면 주는 것이 분명 있어야" 하는 원칙(Give and take)도 전관예우에서 피해 갈 수 없는 철칙이라 한다. 하기는 그런 현상이 전관예우에서만 있는 것이 아

'구속적부심 잣대가 없다' 제하의 신문기사

니고 세상만사에서 다 통용되는 원칙이니 비난할 거리도 못 된다 할 것이다.

전관예우 문제는 어제의 일만도 아니고 오늘날 현재의 일이며 미래의 일이기도 하다.

전관예우는 장담할 수 없는 고질적인 문제다. 최근에도 각계에서 전관예우 문제를 거론하고 시정을 요구하는 것을 보면 그동안 끊임없이 요구해 왔던 바가 모두 헛일이 된 게 분명하다. 아마도 그 요구는 앞으로도 그치지 않을 것이나 그 누구도 풀어내지 못하는 영원한 숙제가 될 것이라면 지나친 기우일까.

2020년 3월 19일 자 법률신문 '전관 특혜 근절 방안' 관련 기사

2020년 3월 23일 자 법률신문 '법무부의 전관예우 대책에 대한 기대' 제하의 사설

    결론적으로 전관예우는 재조(在曹)와 재야가 합심해서 만들어가는 작품으로서 꽃게나 방게는 옆으로 기는 것은 마찬가지라는 속담이 떠오른다. '재조'가 '재야'가 되는 마당에 '재조'가 '재야'를 세워주고 보호해야 할 상호 생존 수단인데 전관예우가 사라질 내야 사라질 수가 없을 것이다. 그러나 완전히 근절하는 것은 불가하다 할지라도 전관예우가 제도의 산물이면서 인간적인 산물이기에 계속해서 철저한 방지책을 강구 해 볼 필요는 분명 있다 할 것이다. 좀 더 근본적으로 접근하면 전관예우는 제도의 산물이고 지금 그 특혜를 누리는 사람들은 제도의 수혜자일 뿐 그들이 스스로 만들어 누리는 혜택이 아니라고 할 수도 있다. 그렇다면 규제보다는 제도개혁을 통하여 그 근절 또는 방지책을 찾아야 하는데 이는 누구의 몫인가? 누구의 역할인가? 수혜자들에게는 맡길 수 없는 문제이라면 누가 나서야 하는가? 그 답을 쉽게 찾을 수 있을 것이나 누가 나서든 난제 중의 난제라고 보며 최근 검찰개혁과 관련하여 의미 있는 현상으로 수사

권을 잃게 되는 검찰이 조직적으로 저항하는 그 이면에 황금광맥인 전관예우의 기회를 잃게 되는 속 끓은 사정이 숨어 있기 때문이라는 것을 부정하지는 못할 것이다. 권력(수사권)이 곧 돈(전관예우)이라는 불변의 공식은 현실 속에 살아있으니까 말이다.

21) 정치 판사가 문제일 수는 있으나 정치가 문제는 아니다?

사법 활동이 정치 아니라고 할 수 있나?

군부(군인 정권)독재 시절 군부의 입맛에 맞추어 재판하거나 심지어 판사들의 인사 문제까지도 군부의 재가를 받았던 시절 이야기다. 당시 고위층 판사들과 군부 세력에 눌려 그들의 주문대로 재판하지 않으면 법원을 떠나야 했다. 그 당시 평판사들을 소위 정치 판사라고 부를 수도 없었다. 굳이 이름을 붙이기도 부끄러운 부류라 하겠다. 굳이 내가 붙인다면 '군속 판사'라 부르고 싶다.

그 후 문민정부 시대에 이르러 정치 시류에 편승하거나 진영 논리에 갇힌 판사를 지칭하여 '정치 판사'라고 했다. 서슬이 시퍼렇던 군부독재 시절에는 그 말 한마디도 벙긋하지 못하다가 문민정부가 들어서면서야 겨우 사용한 어려운 말이다.

1993년경 대한 변협의 '사법권 정상화를 위한 결의문'에 처음 들어낸 공식적 표현인 걸로 아는데 당시 그러한 표현에 대하여 대법원의 어설픈 대응은 유감이라고 했다. 안우만 당시 행정처장이 "정치 판사라는 말이 정치 사건을 맡은 법관을 말하는지 정치인을 재판한 법관을 말하는지조차 모르겠다"라고 궁색한 말로 그 불편함을 들어냈다.

당시 소위 정치 판사들에 대한 비난이 상당히 거셌고 실상을 조사하여 책임을 물어야 한다는 분위기였으나 정치 판사로 세간에 지칭되어 비난의 대상이 된 많은 인물 중 누구도 그 잘못을 인정하거나 사죄하는 자는 없었다. 지금까지도 없고 앞으로도 기대하기 어렵다는 것이 너무 서글프고 괴롭다. 꼭 그들만의 잘못이 아니라 그 시대를 사는 사람들의 운명 정도로 어여삐 여겨 묻어버려야 할지 자문해 본다.

이제야 어쩔 수 없다고 할 수도 있겠지만, 그들은 그 부끄럽고 무거운 짐을 지고 살면서 나보다도 더 괴로운 마음이지 않을까 싶다.

정치 판사의 대표적인 예로 김영삼 총재의 직무정지가처분사건, 김성한 의원 사건, 민청학련사건, 김창석 사건, 김대중 내란음모사건 등을 재판한 담당 판사들이 내가 아는 인물들이다. 부수적으로는 소위 시국사건에 대하여 군부의 의도에 따라 움직인 판사들이 상당수 있었다. 시류에 영합하거나 독재에 굴복한 판사가 정치 판사라면 상대적으로 소신껏 정의의 기개를 내세워 양심과 법에 따른 재판을 마다하지 않은 판사는 '양심판사' 또는 '모범판사'라고 할 수 있을 것인가 자문해 본다.

당시 정치판사의 탈을 벗고 살아가기에는 매우 위험한 분위기였기에, 소위 시국사건에 부딪혀 '굴종이냐? 양심이냐?'라는 선택의 기로에서 판사들의 고민과 번뇌가 매우 컸을 것이라고 짐작이 가기는 한다. 그러한 상황이 출세의 기회이기도 하고 양심 보전의 결단 시기이기도 하였기에 말이다. 그때 영달과 출세를 위해서라면 주저없이 그런 기회를 놓치지 않아야 하는데 바보처럼 좋은 기회를 박찬

'바보판사'라고 정치판사의 길을 택한 판사들이 양심판사에게 말할 것 같아 쓴웃음이 입가에 돈다.

당시 판사들 가운데 친정치(순응)를 하지 않고 반정치(저항)를 하면서 소신 판결을 한 이유로 쫓겨난 판사들이 후일 정치판에 투신해 정치하는 사례도 있었다, 그때뿐만 아니라 지금도 정치판사로 낙인이 찍힌 판사들이 법원을 나가 실제 정치인이 된 사람은 더러 있다.

그렇다면 정치는 판사들과 관련이 없는 영역이 아니라 매우 친숙한 관계임이 증명되었다. 이에 더하여 판사는 평소 권위를 세우는 데 익숙하고 권세를 쫓는 데도 익숙하다고 하면 맞는 말이 되는가.

1993년 7월 2일 자 한 신문의 '사법부 수뇌 진무 작업 진땀' 제하의 기사

판사들이 법원에서 재직 중 정치적 판단을 하였다고 스스로 인정하는 사람은 없다. 아마도 인정하기는 싫을 것이다.

정치판사라는 말은 전에는 군부에 굴종하였든 판사들을 지칭하는 의미였으나 지금은 특정 정치 성향을 지니고 시류에 편승하는 행동(재단)을 하였거나 자신의 출세와 안위를 위해 정치권에 줄을 대고 기생하는 판사들을 외부에서 지칭해 부르는 말이다. 인권 단체나 사법개혁을 주장하는 정치인들이 그런 판사들을 비난하는 투로 사용하고 있다. 이는 정치검사와 상통하는 말이기도 하다.

정치판사가 생기는 이유는 판사 스스로 정치적 출세를 위해 나서는 것보다 오히려 정치판에서 사법부를 자기 입맛에 맞는 사람들로 줄을 세워 자기들이 의도하는 대로 재판을 이끌어가려는 책략에서 빚어진 산물이라고도 볼 수 있다.

여러 차례의 사법개혁의 시도나 몇 차례의 사법 파동은 소위 정치 판사들을 가려내 축출하려는 시도로부터 시작되었다고 해도 과언이 아닐 것이다. 그렇다면 사법개혁은 곧 정치 판사를 없애는 것이고 과거의 정치 판사를 단죄하는 것이어야 한다고 하면 되는가. 아니다. 과거나 지금이나 일부 판사들은 정치와 친숙해 왔다. 앞으로도 친하게 지낼 판사들이 생길 것이기에 사법개혁보다는 차라리 사법정치를 인정하고 사법과 정치의 융합적 접근을 시도하는 것이 어떨까 싶다. 예전이나 지금이나 정치가 사법을 흔들려 하고 사법부 구성원의 일부라도 정치에 관심이 있는 한, 사법권 독립, 사법개혁은 꿈에 지나지 않을까 싶다. 차라리 이룰 수 없는 헛꿈이라면 현실적으로 타협해 사법개혁이나 사법독립의 의미와 목적을 이예 달리 개념 정리하여 정사통합(政司統合)으로 나가는 것이 좋지 않을까?.

정치권에 굴종하는 처결(處決·결정하여 조처함)이나 정치 성향 판결로 정치판사라고 분류되었다면, 정치적 판단을 거부하고 사법 본연의 길을 가면서 사법독립을 지키기 위한 군부의 의도대로 따르지 아니한 의연한 판사들은 억압을 받고 사퇴하거나 스스로 용퇴하고 재야로 나갔는데 그들에게 어떤 호칭을 붙여야 할까.

나는 그분들에게 적절성 여부를 떠나 '의용판사(義勇判事)'라고 불러주고 싶다. 그런데 정치 판사든 의용판사든 그런 명칭을 받기에는 어마어마한 군부라는 시국 상황과 있어서는 안 될 억울한 시국 사건이라는 괴물을 꼭 만나야 하는 숙명이 겹치는 아이러니가 있다. 운 좋게 그런 숙명을 못 얻은 판사들은 한낮 구경꾼이 되었을 뿐이다. 그 구경꾼들도 속을 끓이고 분개했을 수도 있다. 그러기에 판사도 운(運) 소관에 따라 웃기도 울 수도 있음을 본다.

군부독재 시대가 가고 문민 시대가 오자 소위 정치판사들은 몸을 사리어야 했고 은둔에 들어가야 했다. 이는 그들의 행적이 부끄러워 세상에서 떳떳하게 활보할 수 없었기 때문일 것이다.

반대로 그들과 다르게 행동했던 '의용판사'들은 당당하게 나설 수 있었고 세인의 존경을 받을 수 있었다. 그런 일은 시대가 만든 불가피한 상황이라 해도 사법부로서는 치욕스럽고 갖고 싶지 않은 '흑역사'인 것만은 틀림없다.

재미있는 것은 법원에서는 전혀 정치 냄새를 풍기지 않는 것처럼 보이던 판사가 정치판에 나가 정치를 하는 것인지 정치를 도와주는 것인지 분명하지 않은 판사가 있다. 그 가운데 과도한 정치적 욕심으로 대권까지 도전하는 사람도 있었는데 문제는 그들이 정치판에서도 판사 버릇(시비를 양단하고 선악을 재단하는 속성)을 벗어나지 못하는 것처럼 보였다. 그들이 매사에 '전매특허'로 써먹는 말이 '위법·불법'이란 단어다. 흔하게 쓰는 수단이 고소·고발이다. 그런데 자기들의 본업(판단)이었던 것을 이제는 밖에서 그것을 자기 식구(법원·검찰)에게 맡기는 것을 보면 정치판에 들어가면 법적 판단 능력을 잃고 정치적 시비 능력만 늘어서 그런지 마음이 씁쓸했다.

시시비비를 가리는 것도 좋지만 법조인답게 왜 스스로 해결(판단)하지 않고 그들의 고향 집(법원·감찰) 신세를 지려는지 모르겠다. 부끄러워서도 그러지 않을 것 같은데 잘도 한다.

정치를 재판하듯이 일도양단하려는 것이 아니라면 정치인이 정치인답게 서로 대화를 통한 타협으로 정도를 갈 일이지 법원이나 검찰의 판단을 받아야 하겠다면 그동안 했던 판사 생활은 헛된 경력이 아닌가. 스스로 판단하지 못하고 판단을 받아야 정치를 할 바라면 법조인으로서 부끄럽지 않은가. 정치판을 법조 출신들이 더욱 어지럽히고 시빗(재판)거리로 몰아간다면 법조인들의 정치적 입지는 점점 좁아질 것이 아닌가.

오늘날 더욱 큰 문제는 법조인이 정치판의 주류를 이루고 대권까지 잡아서 그런지 정치 검사가 더욱 득세하고 새로운 정치 판사가 생겨나는 현상을 어떻게 설명해야 하는지 모르겠다. 이제는 검사가 정권 비호가 아닌 조직 보호에 나서고 판사는 사법독립이 아닌 조직 독립을 한다면 정치 행위는 아니라고 할 것인가. 그렇게 하는 것이 모두 현수막 걸기뿐인가. 검찰청이나 법원 앞에 늘상 걸리는 현수막을 보면 이해된다. 대통령이나 법무부장관 또는 검찰총장은 늘 구속되고 판사와 검사 몇 사람은 꼭 파면된다.

거듭 거론하는데 법조인들이 정치판에 들어가 정치하면 그들의 전업(재판)에서 몸에 밴 속성(시비양단·선악재단)을 버리지 못하는 것 같고, 정치의 대도(통찰과 포용)는 버린 채 정치를 하면서도 좁은 법정에 갇혀 소아적 잔수 놀이(비방·단죄)에 사로잡혀 있는 것을 보고 법조인 정치의 한계를 보는 것 같아 아쉬움이 크다. 그래도 대통령이 두 명 나오고 국무총리가 세 명(K. I. K.)이 배출되어 체면치레는 하였다고 볼 것인가. 대통령은 선출직이라 본인 능력에다 시운(時運)까지 따른 것이라 할 것이다. 하지만 총리는 임명직이라 능력보다는 관운(시운)이 좌우하는 것이니 그 능력을 높이 평가해 줄 입장은 못 된다 할 것이다.

솔직히 말하면 정치판 들러리 정도로서 지금까지 법조 출신 관료나 정치인들에 대한 평가가 후하지 않다고 본다. 좀 더 통 큰 정치, 대도 정치를 기대하는 국민에게 다소라도 부응했으면 하는 소망은 나만의 꿈인가.

내가 아는 분(K. *. S.)이 있다. 직접 같이 근무하지 않아 그분의 능력이나 인품은 깊이 알지는 못하였지만 여러 경로를 통해 그분의 평을 들었고 한두 번 대면했던 경험으로도 인품이 훌륭하고 부하 직원들에게 인자했다. 더욱이 재판 능력도 뛰어난 분으로 법원 내 여러 요직을 지내는 등 승승장구했다. 마침내 대망의 대법관이 되어 근무 중 행정부 요직인 감사원장으로 차출되어 갔다. 그러더니 나중에는 국무총리까지 되었다. 장수 총리요 무난 총리로 섭섭하지 않은 평가를 받기는 하였다. 하지만 그 전의 사례(K 총리)를 보아도 법조인 출신의 총리가 책임 총리라거나 실세 총리라는 소리는 들어보지 못한 것은 역시 법조 출신 관료의 한계(들러리)를 넘어서지 못한 것으로 보인다. 그분은 덕성과 지성과 열성은 갖추었다고 볼 수 있으나 카리스마와 통찰력과 정치적 상상력은 부족한 듯해 보였다. 더욱이 정치판의 권모술수와는 전혀 어울리지 않아 정치판으로 들어갈 때 다소 의외라는 생각이 들었다. 그 험난한 정치판에서 잘 적응해 낼 것인가 걱정도 했으나 생각 외로 무난히 성공적인 결과를 얻은 데 대하여 내 생각이 지나친 기우였음이 드러났다.

그러나 그분이 그 과정에 만족하는지 모르겠지만 판사 출신으로서 대법관까지 되어 대법관의 역할도 성공적으로 마무리를 할 수 있었는데도 외도를 한 것이다. 하지만 그 외도가 왠지 어설퍼 보이고 칭찬해 줄 수 없다는 생각은 지금도 지울 수 없는 것이 나의 솔직한 심정이다.

또 다른 한 예로 이 모 원장이 있다. 이 분은 평소에 판사와 직원들 간에 회식이나 행사를 좋아하고 운동보다는 오락(마작·고스톱)을 즐겨 주변 사람들과 자주 어울리기로 소문났는데 훗날 감사원장이 되었다. 근무 중 공무원들의 검소를 적극적으로 주장하고 예산 낭비가 나라를 망친다고 가는 곳마다 외치곤 했다. 이처럼 자리가 바뀌니 사람도 바뀌는 것을 보았다. 간혹 판사가 징치나 행정부에서 새로운 길을 걸었지만 (나만의 생각일 수 있으나) 국민의 존경과 추앙을 받을 정도로 대성을 이룬 분은 아직 없어 아쉽다.

법관이 정치해 보고 싶다면 선출직으로 출사해 정치인다운 면모를 보여준다면 모를까 권부의 차출을 받아 '자의 반 타의 반'으로 나가고, 더욱이 대법관 출신들이 외도함은 진정한 법조인의 모습으로 보기에는 아쉬움이 짙게 남는 게 나만의 생각일까. 그분들을 훗날 훌륭한 대법관으로 평가해 줄지, 훌륭한 정치인으로 평가해 줄지, 아니면 다른 평가를 해줄지 궁금하다.

판사가 정치판에 들어가서는 안 되는 것이 아니라, 들어갔다면 판사의 속성을 과감히 벗어버리고 진정한 정치인이 되어 국정을 쇄신하고 정치 신뢰 창출을 통해 국정 운영에 보탬이 된다면 좋겠건만 지금까지의 사례를 보면 그 평가가 그리 좋은 것은 아니라고 본다. 꼭 그렇다고 할 수는 없으나 재조 법조인이 행정부에 차출당하는 것은 이용당하는 것이고, 아니 이용당하러 가는 것이다. 정치적 선택을 받으려고 스스로 출사하는 것은 용단으로 보고 싶은데 이는 틀린 나만의 생각인가.

과거에도 정치 판사는 있었고 지금도 있으며 앞으로도 생겨날 것이라는 생각은 부정할 수는 없다. 최근까지도 일부 판결을 두고 정치적 판결을 하였다고 '정치판사'로 낙인찍으며 비난하고 있는 것을 보면, 진실로 판사들은 정치판(성향)을 벗어날 수 없는가.

이 땅에 정치가 있는 한 정치의 영역은 너무나 광대하여 그 영역을 벗어 날 수 없기 때문인가. 사법부도 정치 영역에 속해야만 하는가. 사법부 독립이란 사법부가 독립 할 수 없기에 억지로 독립을 위해 노력하자는 의미로 마지 못 해 하는 말인가. 영원한 독립이란 어디에도 없기에 사법부도 영원히 독립을 기대할 수 없다는 결론을 내야 하는 것이 아닌가. 이 세상에 정치 아닌 것이 없어 정치를 혐오할 지라도 무시해서는 안 된다는 어느 정치가의 말이 맞는다면 말이다.

2020년 중에 법원의 판결(은수미 사건·이재명 사건·조국 사건 등)을 두고 정치 판결이라고 비난하는 지적이 있다. 이것을 보아도 이 나라에서 정치는 그 영향력이 실로 광대하기도 하지만 매사를 지나치게 정치적으로 판단하는 유치한 사고가 너무 짙게 자리 잡은 탓이기도 할 것이다. 아직도 정치가 촌스럽고 유치해서 아무 데나 붙어먹는 것 같다. 소위 정치인들은 그들의 권위·명예·부에 혈안이 되어 국익이나 공익은 뒷전이고 사익에 서로 다투는 꼴은 실로 한심스럽기 그지없다. 때때로 추잡한(성) 범죄로 넘어지는 모습은 처량하기도 하다. 정치가 최고의 권위와 신뢰를 지니고 의롭고 정직한 발걸음이어야 함을 알면서도 모른 척하는 그들은 애초 정치를 장난으로 시작하고 장난으로 끝내려는 잡배들인가. 정치 잡배들에 현혹되어 국민까지 이념 갈등과 진영 갈이를 하면서 서로를 비방하고 매도하기에 부지런한 모습을 보이니 한심스럽다. 그 속에 전직 판사들이 다수 있다는 것이 정말 개탄스럽다.

   그렇다고 판사가 정치하지 말라는 것이 아니다. 재직 시 한 행동(판단)이 정치적이라는 소리를 듣지 말아야 한다. 그리고 정치로 진출한 후에는 '판사'와 같은 행동을 하지 않으며 진정한 '정치인'이 되라는 것이다(물론 자기 판결을 정치적 판결로 인정하는 사람은 없다. 외부의 평가일 뿐이다). 이에 더하여 판사들이 법원에 있는 한 신뢰받는 판결로 당 시대를 정의롭게 이끌어 가면서 권력이나 시류에 편승하여 사법 본연의 자세를 잃지 않는 모습이 모두의 바람인 것을 잊지 않았으면 한다.

☞ **주문(판사가 정치하려면……)**

　이제는 정치판사라는 허울은 벗고 판사 출신 정치인으로 의연히 일어설 것이며, 정치에도 법과 양심을 사용하라. 그러나 법과 양심은 기본 도구이고 영리한 통찰력과 기특한 상상력의 유틸리티(utility) 한 도구를 사용해 크고 높게 성공한 정치인이 되어라. (정치판을 선도하는 정치인이 되기를……)

　법조 정치인은 의롭고 당당함을 앞세워 깨끗하고 정직한 정치판을 열어 높은 신뢰를 쌓아 새로운 '법조지평(法曹地平)'을 열어라. (법조인의 영역확장)

　법조 정치인이라 하여 법을 정치 수단화하기보다는 민심을 정치 수단화하고 약한 자·낮은 자를 섬기는 헌신과 겸손을 자랑하라.

　법조 정치인만은 악성 정의 실천자로서 국민이 손가락질하고 머리를 흔드는 정치를 하지 말고 박수를 받으며 머리를 끄덕여주는 정치를 하라.

　법조 정치인은 권위의 법복을 확실히 벗어버리고 다스리는 정치가 아닌 섬기는 정치를 함으로 이 나라 정치판에는 꼭 법조 출신이 필요하다는 소리가 나게 하라!

Chapter 5

제4 법정

예비법조인들의 탄생 비화

1) 연수원의 연수 성적이 평생을 좌우한다.

　법조인이 되려면 지금은 로스쿨(Law school)을 졸업하고 변호사 자격시험에 합격하여야 하지만 전에는 사법시험에 합격하여 사법연수원을 수료해야 변호사 자격을 취득했다. 그 자격자 중에서 검사와 판사를 임용하였기에 지금의 법조인 대부분은 사법연수원 출신일 것이다. 지금의 판·검사들이 이 정도인 것은 사법연수원이나 로스쿨에서부터 그 원인을 찾을 수 있다고 확신한다.

☞ 사법연수생의 수련과정·분위기를 보면 연수원(研修院) 아닌 연수원(練手院)

　사법연수원은 사법시험 합격자들이 2년간 연수받는 곳으로 이론교육 1년, 실무교육 1년, 총 2년 과정의 법조인 양성소다. 연수원을 무난히 졸업해야만 변호사 자격을 얻고 실력에 따라 판·검사로 임관되는 것이기에 법조인의 필수 이수 코스다.

　사법시험의 합격 석차와 연수원의 연수 석차를 합하여 졸업 석차가 결정되기에 사법시험석차가 낮은 사람은 연수 석차를 높여야 임관할 수 있어 피나는 노력을 해야 한다.

　재미있는 것은 사법시험 석차대로 연수 석차도 결정되는 것이 보통인데 적은 일부가 역전하기도 한다. 특히 여자는 뒤바뀌는 경우가 거의 없으나 남자들은 순위가 뒤바뀌는 사례가 많다. 전반적으로 여자들이 연수 성적이 좋은데 그 이유는 사법시험 합격 후 남자들보다

차분하게 연수에 임하는 여성 특유의 성향 때문이 아닌가 한다. 예전에는 여성 합격률이 낮았으나 점점 높아지면서 상위 성적자가 많이 나와 임관하는 여자 연수생이 점점 많아져서 법원 분위기가 많이 달라지고(부드러워) 있다.

연수원은 지휘부(연수원장·부원장)와 교수 및 일반직으로 구성되었다. 교수는 법원 판사와 검찰청 검사가, 연수원장은 법원장급으로, 부 연수원장은 검사장급이 보임된다. 연수원을 일명 '연수암(研修庵)'이라고 하는데 연수에 몰두하는 조용한 분위기와 근무 재미(?)가 없다는 데서 붙여진 이름이다. 연수원에 교수로 오는 법관이나 검사는 실력과 인격이 인정되어 선발된 사람들이나 그 선발을 선호하는 사람도 있고 싫어하는 사람도 있다 한다. 인맥을 확보하고 실력을 인정받는 좋은 기회이기는 하나 재미없는 곳이어서 꺼린다. 그런데 일반 직원이 연수원으로 발령이 나면 2천만 원의 벌금형에 처해졌다고 농담을 한다. 이는 2년의 근무 기간 중에 그만큼 빚을 진다는 것인데, 판사들은 얼마의 벌금형을 당하는 것으로 인식하는지 알 수 없으나 일반직이 느끼는 것의 수 배(5~10배?)일 것으로 생각한다, 연수원 근무는 그만큼 재미가 없기에 하는 말들일 것이다.

필자가 연수원 근무 당시 부원장이 노승행 검사장이고 검사 출신 명노승 교수가 있었는데 연말 회식 자리에서 명교수가 말하기를 "'연수암'에는 세상에 널리 알려진 명승이 고명한 노승을 모시고 있다"라고 해 폭소가 터졌는데 아마도 연수원의 분위기를 빗대서 하는 농담이라고 할 것이다.

연수원장은 연수생들을 보살피고 돌보는 데 인색하지 않다. 연수생들의 환심을 사려 애쓰는 모습이 역력하다. 기숙사 시설은 되도록 청결하면서도 편리하도록 관리하고 사용 기물도 충분히 마련하여 주려고 애를 쓴다. 연수생들의 기숙사 생활이 좀 불량하고 입주 수칙 위반이 더러 있어도 관대한 편이다. 되도록 편한 연수 생활이 되도록 배려해 주는 것 같았다.

그러나 엄격한 원장이 오면 분위기는 싹 바뀐다. 조 모 연수원장은 가끔 연수생 식당에서 줄 서서 배식기를 들고 직접 식사해 보면서 식단·품질·식사 예절 등을 확인하는 등 연수생에게 애정을 보이면서도 엄격한 연수 태도 유지와 충실한 연수를 위해 남다른 노력을 하기로 소문이 났었다.

또 그와는 다르게 연수생들의 면학과 연수 분위기 활성화를 위해 애쓰는 연수원장이 있었다. 허 모 연수원장은 연수생들에게 일일이 생일을 챙겨 생일 케이크를 선물하고 운동복을 마련하는 등 손 크게 선심을 잘 썼다. 교수들에게도 격려성 지원을 잘하기로 소문이 났다. 반면 그 뒷바라지를 하는 경리 담당자 양 모 계장은 그러는 연수원장에 대해 털끝만큼도 존경심이 없다고 술회하였다. 그 이유를 짐작하여 보면 예산을 허투루 쓰며 생색내기 일색 때문이 아닌가 생각한다. 다만 엄격한 연수원장이나 관대한 연수원장이나 모두 연수생들과는 인심을 잃지 않고 원만한 관계를 유지하도록 애쓰는 것은 다 같은데 아마도 후진들에게 밉보이기는 싫은 것으로 보였다.

연수원은 식초지[食草地: 외수입(外收入)이 생기지 않아 싼 음식

(국수·찌개·탕)만 먹는다는 의미]로서 누가 점심을 사준다고 하면 콜레스테롤(고기)을 사 달라 한다고 어느 교수가 푸념처럼 말하는 것을 보았는데 우습기도 하지만 씁쓸하기도 하였다.

2) 사법 연수생들의 시험지옥 통과하기

지금은 사법시험 제도가 없어져 로스쿨을 졸업하고 변호사 시험만 치르면 되지만, 그전에는 사법시험에 합격하여 연수원 교육을 마치면(수료) 변호사 자격을 취득했다. 변호사자격 취득자 중에서 연수성적을 고려하여 판사·검사를 선발하기에 임관을 받으려면 사법연수원을 우수하게 졸업하여야 했다.

그러나 임관을 목표로 하는 것이 아니고, 변호사 자격을 얻는 것으로 만족하려는 욕심 없는 연수생은 통과 의례 정도로 여겼다.

1990년 당시 필자가 사무관으로 사법연수원에 근무 할 때 근무 부서인 연수과에서는 사법 연수생의 시험 관리를 주로 하는 부서로서, 시험 출제·시행·채점·확인·정리 등 세심한 진행과 철저한 점검이 이루어지고 있어 항상 긴장한 상태서 근무하게 된다.

연수생들이 자기 성적에 비상한 관심을 보이는 것은 판·검사 임관을 오로지 성적순으로 받기에 그렇다고 할 것이다. 이 성적은 평생 지니고 살면서 임관 시 초임 발령(성적순 임지선택), 이후 전보(순환보직), 승진에 반영되는 등 가히 재직 중 모든 과정에서 영향을 받기 때문이다.

연수생들의 시험장은 매우 살벌하다. 시험장에서 반드시 본인 체크를 하고 부정(커닝)방지를 위해 모든 소지품은 시험실 뒤편으로 내어 놓으며 감독교수가 직원 2명을 대동하고 철저히 감독한다.

시험 중 화장실을 가려면 출입패를 가지고 한 사람씩 가야 한다. 연수생이 화장실을 가면서 긴장하고 조급한 나머지 문을 당겨서 열어야 하는데 밀기만 하거나, 답안 작성 중 화장실을 다니려 해도 순발력이 있어야 하는데, 맨 앞에 자리하거나 순발력 없는 여자 연수생은 화장실 가기도 어려웠다. 잘못 쓴 답안을 뭉개버린 종이가 책상 옆에 수북이 쌓이는가 하면, 마감 시간이 다가올수록 글씨가 거칠어지고 초안을 제대로 다 정리하지 못하여 초안지와 답안지(제출안)를 같이 철하여 내는 사람도 있었다.

감독교수들은 대부분 엄격하나 어떤 교수는 연수생이 맨발로 운동화 뒤축을 꼬부려 신고 5분 늦게 시험장에 들어왔는데도 너그럽게 봐주는 걸 보면 졸업은 시키려는 애정으로 보였다.

필자가 보조 감독자로 들어가 시험 답안지를 수거하는 과정에서 한 연수생이 답안지 순서를 잘못해 바꿔 철하였기에 바로 잡으라고 조언했다. 그러자 감독 교수가 고함을 치며 손도 못 건드리게 하고 "왜 그런 쓸데없는 짓을 하느냐?"라며 그것도 점수에 반영된다는 것이었다.

연수생들은 대부분 연수 규칙을 잘 준수하나 일부는 임관을 포기했는지 불량한 사람도 있었다. 특히 기숙사 생활하는 연수생 중 일부는 침실에 술병이 끊이지 않고 심지어 스터디룸에서 카드놀이 하면서 담배를 심하게 피워 담배꽁초가 쓰레기통에 수북이 쌓이기도 했다. 외출을 나가 통금을 어기어 파출소로 당직자가 데리러 가기도 했고, 체육대회 중에 몰래 빠져나가 술 먹고 싸움질하다 다쳐서 축구 하다 다쳤다고 거짓 진술서를 써내기도 하였다. 술 취해 운전하다 법원 내 기물(안내판)을 파손하기도 하고, 담배꽁초를 쓰레기통에 버려 불을 내기도 하는 등 행실이 불량한 연수생이 있었는데 이들 중에서도 임관이 된 사람도 있었다.

필자가 연수원에 근무하던 때(1990~1)에 당시 연수원 22기가 연수하고 있었다. 한 연수생이 밤중에 나가 술을 마시던 중 옆자리 손님과 싸워 경찰서에 잡혀 와서도 행패를 부린다고 법원 당직실로 연락이 와 당직 사무관이 데리러 갔었다. 이 연수생은 계속 막무가내로 버티던 중 그 연수생의 형과 아는 형사가 있어 피해자를 설득해 합의하고 데려왔던 일이 있었다.

심지어 연수생 졸업식 때 대법원장이 오는 것을 영접하기 위해 현관에 내외 귀빈과 연수원장을 비롯한 연수원 교수들이 도열 해 있었다. 그런데 맨 앞줄에 있는 연수생 한 명이 담배를 버젓이 태우고 있었다. 이 광경을 보고 부원장(노)이 "웬 저런 놈이 있나?" 하고 소리치자 연수원장(허)은 "참 재미있는 세상이야!" 하고 험한 표정을 짓는 것을 보았다. 필자는 그런 연수생들을 보고 실망을 많이 하였고 저런 사람들이 제대로 판사·검사·변호사 노릇을 할까 하는 의심 아닌 걱정이 잔뜩 들었다.

연수생의 시험 답안지는 복수(2인)로 채점하고 취합과 정리(채점표 작성)를 한 후 확인은 삼 중으로 하며 확인자가 확인란에 각각 확인인을 날인 하는 철저한 책임제로 한다.

연수과에서 근무하는 직원들이나 연수원 교수들에게 있을 수 있는 재미있는 일은 연수생 성적 알아봐 주는 것이다. 내부규율로 일반 공개를 엄격히 금하고 있어서, 그런 청탁을 받아도 쉽사리 알려 줄 수가 없다. 다만 정말 믿음이 가는 사람에게만 은밀히 알려주고 딴사람이 알거나 알려질까 봐 걱정을 한동안 안고 있어야 하였다.

시험성적을 알려주는 특권이 있다는 것이 연수과에 근무하는 한 가지 재미이다. 연수생은 최특급 신랑 후보로서 결혼 적령기에 있는 딸을 둔 법원 내부의 고위 인사들과 결혼 뚜쟁이들이 무척 관심을 가지고 연수 성적·임관 가능성·신체 조건 등을 물어오는 것을 보면서 그들이 관심을 가지는 이유를 뻔히 알 수 있었다.

혼인 뚜쟁이들에게는 성적도 성적이지만 연수생 명단을 확보하기 위한 은밀한 접촉이 있고, 명단을 취득하여 결혼 성사를 이루면 거액의 사례금을 받는다는 소문은 소문만이 아니라는 것은 분명하였다.

우리 직원들도 '성적 팔이'로 재미를 본 사람이 있다는 소문을 들었고 그럴 수도 있겠다는 생각도 하면서 나도 선배로부터 간곡히 청을 해오기에 못 이기는 척 들어 주었더니 너무나 고마워하는 모습을 지금도 기억한다.

변호사 출신 국회의원(정 보 씨)이 시로 아는 사이인 우리 식원(계장)을 찾아와 금일봉을 주면서 "딸을 결혼시키려고 사윗감을 고르는 중"이라며 "괜찮은 사법연수생 몇을 골라 그 명단을 달라"라고 부탁했다며 필자에게 협조를 구하는 일도 있었다. 고위층들이 연수생을 좋은 사윗감으로 여기고 접근하는 사례가 허다하여 작은 재미가 있었고 또 무척 곤란한 일이기도 하였다.

Chapter 6

제5 법정

1) 법창(法窓)에 비치는 변호사의 모습

변호사는 등급이 있다!

변호사는 다 같은 변호사가 아니라 그 능력에 따라 등급이 있는 것은 사실이다.

필자가 아는 어느 법원장 출신 변호사가 술자리에서 말하기를 자기는 수입 신고를 철저하게 실행하기에 세금이 많다고 하면서 대부분 수입 신고를 제대로 안 해 세무서에서 추정 과세를 하는데 그 수입 정도에 따라 약 7등급으로 분류해 징수한다고 했다.

이는 수입에 따른 등급일 수 있으나 변호사의 능력에 따른 등급도 나눌 수 있을 것이다. 그 능력이란 여러 가지 기준이 있을 수 있겠지만 우선 임관 여부, 법조 경력, 출신 학교 등의 기준이 등급을 결정하는 기준이 된다고 할 것이다.

변호사의 능력에 대한 능급을 정확히는 분류하기는 어렵다 하지만 대략 5등급(D급, C급, B급, A급, 특급)으로 나눈다면 D급에는 임관 경력이 없는 연수원 졸업 변호사(지금은 로스쿨 출신), C급에는 임관 경력이 있는 평 판사(평 검사)출신 변호사, B급은 지방 법원 부장판사(검찰청 부장검사)출신 변호사, A급은 고등법원 부장판사(검사장 출신 변호사), 특급은 대법원 판사 출신 변호사로 구분할 수 있다.

이는 경력에 따른 대략적 분류이지만 실제 능력에 따른 분류는 매우 어려운 분류라 할 것이다. 연수원(로스쿨)을 졸업하고 바로 변호사 개업을 한 사람도 능력이 출중한 사람이 있다. 최근 대형 법무 법인에서는 인재 영입에 힘을 쏟고 변호사 각 개인의 능력보다는 팀워크 중심의 능력을 발휘하는 경향이 있어 사실상 개인 능력 기준의 분류는 의미를 잃기도 한다. 그러나 개인이든 법무 법인이든 능력의 차이는 현실적으로 존재하며 의뢰인들은 변호사의 능력과 전문성·평판 등을 고려하여 선임하므로 대략적인 분류 일지라도 의미는 있다고 볼 것이다.

문제는 일반인들이 변호사에 대한 정보가 그렇게 쉽지 않아 사건 의뢰를 하려 할 때 선뜻 결정하기 어렵다. 예전에는 수소문하여 선임하였고 사건취급자(수사관·입회관 등)의 조언이나 소개를 받아 선임하는 것이 예사였다. 하지만 지금은 변호사들의 지상 광고·인터넷 광고 등과 협회 소개 활동으로 변호사 정보에 쉽게 접근할 수 있어 예전과 달리 의뢰인이 찾는 변호사를 쉽게 찾을 수 있게 되었다.

지금은 변호사 알선 업체도 있으며, 변호사 정보 취득이 어렵지 않다. 하지만 변호사의 실제 능력과 경력에 대한 정보를 자세히 알기는 간단치 않다. 무엇보다도 변호사의 심성을 알기는 쉽지 않다. 굳이 심성까지 알아야 하는지 물을 수 있겠으나 필자가 변호사를 선임한다면 우선 심성을 고려할 수밖에 없는데 그 이유는 다음과 같다.

변호사의 능력을 안다는 것은 우선 소송을 의뢰하는데 신뢰를 할 수 있고 선임료를 결정하는 요인이 되기 때문이다. 이 능력에는 법률전문가로서 능력은 물론 인품·성실성까지도 포함되고 소위 말하는 전관예우 수혜자인 것도 알아보는 것이 필요하다. 한마디로 변호사라고 다 같은 변호사가 아니고 그 능력이 천차만별이어서 적임자를 찾는 게 쉽지만은 않다. 소송이 끝난 후 의뢰인의 절반은 변호사 선정에 대하여 후회를 한다는 현실이 그 선정의 중요성을 말해준다고 할 것이다.

의뢰인들이 소송 중 변호인 선임을 철회하고 새로 선임하거나 추가하여 선임하는 사례는 다반사이고 유명 법조인·유명 법무 법인을 다수 동원하는 사례까지도 있다. 또 심급마다 변호인을 달리하여 선임하는 것(변호사 갈아타기)은 승소를 위해 철저하고 세심한 대처라 할 것이다. 능력에 따라 선임료가 다르고 특급 변호사의 선임료는 상상할 수 없을 정도임에도 선임료에 상관없이 변호사의 능력에 매달리는 의뢰인이 많아 고등급 변호사들은 횡재하는 데 이를 바라보는 하등급 변호사는 불편한 심기가 어떨지는 어느 정도 상상이 된다고 할 것이다.

2) 변호사는 돈값을 한다.

변호사는 등급이 있다!

　소송당사자가 본인을 대리하여 소송할 변호사를 선임하여 소송을 맡길 때 그 대가를 지불하기에 "변호사를 샀다"라고 한다. 소송은 당사자 간에 쉽게 해결이 안 되고 다툼이 생겨 사법기관인 법원의 판단을 받으려 할 때 진행된다. 소송은 법리적 다툼이면서 상당한 소송 기술이 요구되기에 비전문가인 당사자 본인보다는 법률전문가이자 소송 기술자인 변호사를 선임하여 모든 것을 일임하면 본인이 직접 나설 필요가 없고 결과(승소)도 스스로 소송하는 것보다 더 낙관할 수 있다.
　변호사는 법률전문가로서 사회 정의를 구현하는 공인의 위치에 있기에 인권 보호와 사회 공익 구현에 앞장서야 한다. 특히 법의 권위와 가치를 세우고 유지하는데 소홀해서는 안 되는 소임이 있다.
　그러나 변호사에 대한 사회 저변의 평가는 우호적이지 못하다. 존대받고 사랑받는 공인이라기보다는 범죄 용어(강도·도둑)까지 사용되는 혹독한 비난이 있고 능력(재력) 없는 사람들이 가까이 할 수 있는 사람들이 아니다. 여기서 더 나아가 변호사 조직 내에 갈등 구조가 있는가 하면 진영 논리에 매몰되거나, 정치 편향적 파벌까지 보이는 것을 보면 일부 변호사들은 공인의 위치를 잊고 사는가 싶다. 고급 돈벌이 꾼들로 전락한 것이 아닌가 하는 생각이 들 정도다. 하지만 한 가지 분명한 모습은 현 상황에서 변호사를 필요로 하는 사람은 늘 있고, 그 필요성에 의하여 돈벌이하는 직업군임에는 부인하기 어렵다 할 것이다.

변호사들은 판사와 검사와 한 지붕 세 가족이라고 볼 수 있다. 전에는 사법시험에 합격하여 사법연수원을 수료하여야 변호사 자격을 주었다. 지금은 로스쿨을 졸업하여 변호사 시험을 통과하여야 변호사 자격을 준다. 변호사를 거쳐야만 판사나 검사로 임관되기에 소위 '법조 3륜'이라 하고 동류의 전문가 조직으로 보고 있다. 아울러 다 같이 사법 활동에 참여하는 구도의 한 부류의 집단이기에 한 지붕 안에 사는 세 조직이라 할 것이다.

판사와 검사는 재조에서, 변호사는 재야에서 각각 역할을 달리하는 것으로서 혈통이 같기는 하나 역할이 다른 세 가족이다. 그들이 밖으로는 경쟁 관계이거나 비협조 구조로 보이는 면이 약간보이지만 그 내부에 들어가면 협조가 잘 되는 집단 이기주의가 강한 영역임을 알 수 있다.

이들 사이에 협조가 원만히 이루어지는 이유는 서로 배척하거나 경원하면 서로가 손해이고 살아 나가기가 어렵기 때문이다.

예를 들면 소위 전관예우라는 괴물이 죽지도 않고 죽일 수도 없는 것은 서로 공조의 산물이기 때문이다. 재조에서 변호사들을 대우 안 하고 무시하면 판사나 검사가 평생 재조에만 있을 것이면 모르나 언젠가 변호사 개업을 하려면 자신도 전관예우를 받고 싶어 한다. 전관예우가 남의 예우가 아니고 바로 자기의 예우인 것을 알기 때문이다. 비록 전관예우뿐만 아니라 판사가 재판에 임하여 변호사가 대리인으로 선임된 사건과 대리인이 없는 직접 당사자 사건을 구별하여 취급한다. 우선 변호사가 없는 사건의 진행은 순조롭지 못하고 피곤하게 가는 사례가 대부분이다. 또 법정에서 변호사의 입장을 최우선으로 고려하여 재판을 진행하고 대체로 대하는 말투나 표정이 일반 당사자와 다르다. 즉 판사·검사는 퇴직 후를 생각하여 현직 변호사에 대해 예우를 갖추어 대하고 협조적인 언행을 하는 것이 퇴직 후의 생존 전략이 될 수 있다.

　변호사는 판사와 검사의 권위를 세워주고 존중해주는 것이 스스로 입장을 살리는 것이므로 서로의 살길을 위해 협조라는 옷을 입고 사는 한 가족이다. 또 그렇게 해야 가족의 생계가 보장되는 것이다.

3) 지는 재판을 위해 돈을 받는 변호사

변호사는 소송에서 승소하려고 변론하는 것이지만 패소하는 것을 뻔히 알면서 소송을 지연시키기 위한 변론도 한다. 그런 사건을 수임할 때 변호사는 "의뢰받은 사건을 얼마나 지연시키면 되는가?"라고 의뢰자에게 질문한다. 의뢰인이 어느 때까지 지연시켜 달라는 주문을 하고 사건을 맡기는 형태가 된다.

특히 소송이 감정이나 자존심 싸움으로 변질하는 경우 승패를 떠난 치졸한 싸움이 된다. 이를 겪는 사람(상대방)이나 담당 재판부는 피곤함을 느낀다. 그런 재판을 담당하는 해당 재판부는 자긍심을 잃고 일종의 환멸을 느낄 수도 있으나, 이를 피해 갈 수 있는 길이 없기에 괴롭다. 또 당사자에게 불필요한 부담이 되며, 동시에 법원의 인력 낭비이자 민폐(民弊)요 공폐(公弊)에 해당한다.

변호사가 소송을 수임하는 과정에서나 소송 수행 중 불법 행위로 입건되는 사례가 적지 않다. 특히 법조 브로커들과 결탁해 입건되는 사례는 심심지 않을 정도로 발생한다. 그 이유는 변호사 수가 급격히 증가하여 사건 수임 경쟁이 심해지고 변호사의 질적 저하로 귀결된다.

필자가 수원지방법원에 재직 당시, 민 모 변호사가 퇴직 후 3년여의 변호사 생활의 경험을 토대로 변호사의 자체 정화를 부르짖는 글을 법률신문의 [법조 광장] 난에 기고한 내용을 보면 당시 변호사들의 각종 불법 행태를 잘 알 수 있다. 그때의 형태가 그때 일이고 지금은 전혀 아니라는 말은 못 할 것이라고 필자는 장담한다.

1993년 4월 12일 자 법률신문의 '변호사여 부끄러워하자' 제하의 기고문

위와 같이 스스로 노출하며 자체 정화를 시도하는 사례들이 많기도 하지만 정말 공개하기도 부끄러운 심각한 사례들이 있다.

한 가지 예를 든다면 사건의 양 당사자에게 변호사가 선임 된 경우 변호사끼리 '짬짬이'를 한다는 사실이다. 한마디로 적과의 내통 또는 동침을 하는 것으로서 일부러 져주고 응분의 반대급부를 받거나 적극적인 대항을 피해 상대방에게 기대 이상의 결과를 안겨주는 파렴치한 변호사가 있었다는 소문을 들었다. 소소한 사건에서 그런 일이 생길 리 없고 대형사건에서 일어나는 일이다. 한 건으로 팔자를 고치는 경우라 하겠다.

변호사들의 양심 없는 행동의 예로 양쪽에 변호사가 있는 민사 사건에서 원고의 복대리인이었던 사람이 피고의 복대리인으로 변론에 참석해 사건을 진행했는데 그래도 반대 당사자의 이의가 없으면 정당하다고 판시했다(94다44903호). 그러나 이는 법리의 문제가 아니라 변호사의 양심과 윤리의 문제가 아닌가.

'부산 60대 변호사 자성의 글' 관련 신문기사

4) 변호사에게 과연 공인의식이 있는 것인가?

변호사는 법률로 먹고사는 프로임을 모두가 인정하지만, 최근 인기 프로선수들이 상상하기 힘들 정도로 수입을 올리는 것을 보고 부러워하는 우리지만 능력 있는 변호사들은 우리와는 다르게 프로선수들을 그리 부러워하지 않을 것이다. 그 이유는 변호사들이 그들을 부러워하지 않을 만큼 고수익을 올리고 있기 때문이다.

최근에 세상을 시끄럽게 한 어느 여변호사 1건의 수임료가 수십억 원을 넘는 것을 보아도 그렇고, 아직도 고위 법관이나 검사가 퇴직 후 개업하면 2~3년 내 평생 쓸 돈을 마련한다는 소문은 헛된 소문이 아닌 것 같다. 그것도 예전만 못하다는 것이 그들의 푸념이기는 하지만 아직도 짱짱한 벌이가 되는 것이 현실이다. 특히 대법관이 퇴임하면 대형 로펌에 가는데 그 약정 보수가 대단하다는 것은 놀랄 일이 아니다. 모 대법관 출신은 고수입이 청문회에서 공개될까 봐 장관 추천에도 거절하였다 한다. 한마디로 고위급 판사들은 고관대작의 권세와 명예와 부를 누리는 최고의 행운아들이다. 아무것도 모르는 서민들은 이 글을 읽고 느낄 수 있는 상대적 박탈감을 생각하면 이 글을 쓰는 것도 사실 조심스럽기는 하다.

변호사들은 모두가 최고의 법률가요 최고 승률의 승부사라고 다투어 자랑하며 법무 법인(대형 로펌)도 그에 지지 않고 최고 능력의 우수 법인이고 최고의 전문성과 승률을 자랑한다. 그들 앞에는 지는 소송이 거의 없고 못 이기는 소송도 없다.

 그러나 같은 사건을 여러 사무실에서 상담하면 똑같은 말을 하는 사례는 거의 없다고 한다. 능력이 다르고 경험이 다르고 주관이 다르기에 같은 말이 나올 리 없다고 하면 틀리지 않으나, 단 한 가지 같은 말은 자기에게 맡겨주면 최선을 다하여 좋은 결과를 얻어 주겠다는 말이다. 이 말은 변호사들이 쓰는 상투적 부동의 언어이기 때문이다. 이에 더하여 자기들은 최선을 다하나 사건의 판단은 법원의 판사가 하므로 자기들 생각대로 결과가 안 나오는 경우가 있다는 말도 필수적으로 덧붙여 설명한다. 결과가 잘못되는 경우를 대비해 미리 퇴로를 마련해 두는 것도 상용수단이다.

 변호사는 역시 자기변호를 하는데도 철저하다는 것이다. 변호사가 승소를 장담하였다가 패소하면 자기가 부족하였다는 말은 안 하고 "판사가 사실 판단을 잘못했다, 제출한 증거를 무시했다, 법리오해를 했다"라는 등의 이유를 대는 것 또한 상투적 수법이다. 사실 핑곗거리를 찾으면 끝도 없는 것이 소송이다. 심지어 판사를 만나는 운이 없어서 실력 좋은 판사는 피하고 모자라는 판사를 만나 패소했다는 핑계도 댄다고 한다. 그러면서 항소를 해서 뒤집어야 한다고 주장하는 것도 일반화되었다. 말을 바로 하자면, 수임료를 많이 받았다면 받은 그 값의 대가를 치르기 위하여 판례를 뒤지고 입증 자료를 찾는 등 열심히 하나, 불만족스러운 수임료를 받으면 대충하려 한다. 이에 더하여 성공 보수가 많으면 더 열심히 한다는 것이 그들의 속성이다.

 그래도 일반인들은 소송을 스스로 감당할 수가 없어 어쩔 수 없이 변호사를 선임해 소송을 의뢰 해야 함으로 다른 방안이 없다.

변호사의 능력을 객관화하고 지수화하여 변호사 선임 시 참고할 사항은 다음과 같다.

◎ 객관적 능력지수(총 100점)
- **전관지수**: 50 - 전관예우를 받는 기간 내(1~3년)의 평점으로 가히 최고지수
- **경력지수**: 20 - 전관예우 기간을 넘어선 임관 경력과 변호사 경력을 통합한 평점이나 임관 경력의 비중이 높고 변호사 경력은 5년 이상이라면 충분
- **학력지수**: 10 - 대부분 최고 학력자들이고 사법시험이나 변호사 시험을 통과한 사람들이라 분별이 어려우나, 출신 학교에 따라 차이를 두는 경향이 있음
- **인성지수**: 10 - 변호사가 수임료를 과도하게 요구하면 공인 정신이 약하고 봉사심이 부족해 사건을 돈벌이로만 여김
- **연령지수**: 10 - 변호사의 나이는 적어도 문제이고 많아도 문제다. 40~50세가 최고이며, 60~70세까지는 무난하나 그 이상은 신중히 고려해야 한다. 하지만 법무 법인의 경우 문제가 안 된다고 봄

◎ 주관적 능력지수(100점)
- **전관예우**: 30 - 전관예우를 받는 경우 최고 평점이 부여됨
- **연수 동기**: 20 - 안면 지면이 능력으로 2년간의 연수 생활에서 얻

은 교분은 무시 못 함
  - **학교 동기**: 20 - 고등학교·대학교 동기는 서로 찾는 연줄임
  - **동향 출신**: 10 - 고향 사람은 무시 못 하는 연줄임
  - **근무 동기**: 10 - 법원·검찰 재직 시의 교분은 내 세울 수 있음
  - **법조인 평**: 10 - 변호사는 조직 내·외에서 평가를 받기에 그들에 대한 평판이 나쁜 사람은 가려내야 함

* 객관적 지수와 주관적 지수가 중복되는 것 같으나 세밀한 분석을 통하여 충실한 선택을 도모하고자 하는 의미임

변호사의 등급(총 200점, 위 객관적 주관적 지수를 합한 평점)
  - **1등급** : 평점 120 이상으로 확고한 공인의식을 갖고 당사자 권익 보호와 사회정의 실현의 투철한 사명감을 지닌 자
    * 전관예우 기한 내의 고액 수임 변호사
  - **2등급** : 평점 80 이상 120 이하로서 성실하게 양심적으로 변호 활동하여 의뢰인의 기대에 부응하려는 자
    * 전관예우 범위를 벗어났으나 평판 좋은 변호사
  - **3등급** : 평점 80 이하로서 공인의식 없이 단순 생계 유지형으로 수임료에 따라 대응하려는 자
    * 보통의 일반적 변호사

변호사의 등급을 대략적으로나마 구분했으나 변호사의 선임에 도

움 주기 위한 자료에 불과하다. 기본적으로 변호사도 다 같은 변호사가 아니기에 살펴보면 위와 같이 구분해 볼 수 있다. 변호사를 선임하려 할 때 주변에서 아는 변호사라고 소개해준다고 단순한 생각으로 선임하기보다는, 위 사항을 고려하여 적임자를 선임히는 데 도움을 주기 위해 작성하였다. 그러나 평점이 높을수록 선임료가 높기에 돈 없는 서민들의 차지가 못 된다는 것이 이름답지 못한 현실이다. 변호사들 가운데는 단순하게 직업적으로 활동하는 사람이 대부분이지만 공인의식이 남다르게 투철하여 사회봉사·인권 보호·사회 약자 보호 등의 공익 활동에 적극적으로 나서며 법이나 양심에 어긋나는 일은 단절하여 칭송과 존경을 받는 변호사도 있다. 또 방송 활동, 정치 활동 및 사회활동 등으로 유명세를 나타내는 사람도 있다.

 그러나 자기 사건의 소송을 위하여 변호사를 선임하려는 때는 존경받는 변호사나 유명한 변호사가 필요한 것이 아니다. 다만 자기 사건에 적합한 변호사를 선임해야 하는데 위 사항을 고려하여 줄 것을 기대하고 이 글을 썼다.

 특히 방송에 빈번하게 출연하는 변호사, 유명 정치인 변호사는 선임에 있어서 신중해야 한다. 일 많다고 자랑하는 변호사를 능력 있는 변호사로 착각하는 일은 없기를 바란다. 그 이유는 그들은 수임사건에 전심전력을 기울이지 못한다. 사건 외 일이 많아 사무장 변호(사무장에게 맡겨 처리)를 수행하기 쉽고 심지어는 고용 변호사를 쓴다. 그들은 사건을 수임하는 것이 중요한 일이고 사건을 처리하는 것은 대수로운 일로 여길 수 있다. 실제로 그런 변호사에게 사건을 맡겨 낭패를 본 경우가 많다.

 필자가 최근 신문 보도를 통하여 아는 김 모 변호사는 서울지방검찰청 검사로 처음 임관하여 부장검사로 퇴직하고 변호사 생활을 하였다. 그는 연수원 졸업 성적이 좋아 초임지를 서울로 발령받았다. 하지만 소위 배경이 없어 높은 승진을 포기하고 영어공부에 열중하여 실력을 쌓은 다음 미국유학을 거쳐 검사 중 최고의 영어 실력자가 되었다. 뛰어난 영어 실력으로 국제관련사건 업무에서 두각을 발휘하였다. 이후 개업하여 진정한 공익 변호사로 활동해 주변의 칭송이 자자하였다. 최근에 법의 날 행사에서 국민훈장 무궁화장을 수훈하는 영예를 얻었다. 그분은 많은 일을 하려 하지 않았고 자신의 능력 범위 내로 수임하여 맡은 일은 최선을 다하여 좋은 결과를 얻고자 노력하였다. 그 결과 설사 재판에 패소하여도 의뢰인들의 불만을 사지 않았다는 게 주변의 세평이다.

 재판 결과를 가지고 의뢰인과 다투거나 망신을 호되게 당하는 일이 적지 않는 현실에 그는 훌륭한 귀감이 되고 있다. 그러한 변호사를 찾아보는 일이 결코 헛수고는 아닐 것이나 그 수많은 변호사 중에 극히 소수라는 현실이 안타깝고 난감할 뿐이나.

 위와 같은 능력 평가는 나의 개인적인 구분 지표다. 이는 개별적으로 변호사를 선임할 때 참고가 될 수 있으나, 요즈음은 대형 로펌이 많고, 중·소 규모의 로펌도 많아 이를 적용할 여지는 그리 많지 않으리라 본다. 대형 로펌에서 확보한 조직 내 변호사들은 다양성을 갖추고 있어 수임 사건의 내용을 고려하여 적임자에게 사건을 배당한다. 사건 의뢰인들도 소송 정보나 변호사 사정을 잘 모르기에 주로 대형 로펌을 찾는 경향이 두드러진다. 로펌에서 사건을 상담하면 대형 로펌이 가장 큰 자랑으로 내 세우는 것이 구성 변호사의 전문성과 탄탄한 인적구성이다. 상담 초부터 내부 조직도를 설명하면서 대표 변호사의 경력, 고문 변호사의 경력, 구성 변호사의 출신 내력 등을 내세운다. 최고 베테랑이자 최고의 승부사요 최고의 권위자들로 진용을 갖추고 있다는 사전공세로 의뢰인의 마음을 얻으려 한다. 이에 더해 어느 재판부 어느 판사든, 어느 검사장, 어느 검사도 연결이 되는 진용을 갖추었다고 자랑하기도 한다. 그 이유는 재판은 법으로만 하는 것이 아니며 법 외의 또 다른 사정이 있다는 것을 의미한다. 그 사정이 오히려 재판에 결정적인 영향을 끼친다는 것을 그들 스스로 인정하고 의뢰인도 인정하라고 무언의 압력을 행사하는 셈이다. 한마디로 법만으로는 기대하는 결과를 얻을 수 없다는 의뢰인들의 불안한 마음을 이용하는 것 같다.

　법조 사정을 잘 모르는 일반인들이 변호사를 선임할 때 조심할 일은 법조 주변에 기생하는 수많은 브로커들이다. 이는 오랫동안 유지되는 법조 적폐이고 불필요한 소송 비용을 가중시키며 때로는 소송을 망치기도 하므로 그들의 속임수에 말려들지 말아야 한다. 지금은 많이 줄어들었으나 병원·경찰서 주변과 법원·검찰청 주변 등이 이들 브로커들의 주 활동무대이다. 그들만이 지니는 감(感)과 정보력을 통해 사건 당사자를 접촉하여 그들이 사건 해결의 열쇠를 가지고 있는 것처럼 그들은 현혹한다. 결국에 고용된 변호사에게 사건을 의뢰하도록 하고 변호사로부터 사례금을 받아 살아가는 법조 주변의 허가 받지 않은 직업군이 바로 그들이다.

여기서 문제는 이들의 생활을 보장하여 주는 사람이 변호사라는 데 데 있다. 더욱 심각한 문제는 아예 이들 브로커에게 고용된 변호사가 존재한다는 사실이다. 주 수입자(운영자)가 브로커이고 변호사는 고용원으로서 급여를 받는 한심한 현실이 일부 존재한다. 법조 브로커의 문제도 전관예우의 문제와 같이 법조계의 상존(常存) 수다. 없앨 수도, 없어지지도 않을 법조의 '영원한 동반자'다. 변호사의 생계수단으로 브로커가 필요한 세상에서는 말이다.

일반인들이 변호사를 선임하는 데 참고가 될 몇 가지를 추가하여 소개하면 다음과 같다.

우선 변호사들의 생리를 알아야 한다. 변호사들은 장담이 심하고 부풀려 말을 많이 한다. 먼저 민사소송의 경우 그들 관점에서 승률이 51%라고 예측되면 99%로 얘기한다. (100%라고는 하지 않는데 만일을 대비해서다) 소가(訴價·소송 비용)를 최대치로 높여 측정하는데 이는 수임료를 높이는 상용수단이다. 예컨대 손해 배상 사건의 배상액을 과대하게 책정하거나 위자료를 최대치로 계상하는 등이다.

형사사건의 경우 성급한 무죄 가능성, 과도한 감형 자신 등이다. 그들과 상담을 해보면 마지막 말이 항상 "해보자"인데 승소 가능성이 조금이라도 있을 때 쓰는 상용어이다. "해보아야 한다"라는 멘트는 승소 가능성이 약할 때 쓰는 양심선언이다. 결과가 예상을 빗나갔을 때 핑곗거리는 얼마든지 만들 수 있다. 항소의 길이 열려 있기에 자랑과 부풀리기를 예사로 하는 것을 미리 알고 접근해야 한다. 발품을 아끼지 말며 상담비를 아까워 말고 최소한 세 군데 이상 상담을 거쳐 선임하라고 간곡히 부탁하고 싶다.

변호사가 예전에는 선망받는 직업이고 사회적으로 우대를 받으며 고수익 업종으로 인정받았다. 사법시험에 합격하여 사법연수원을 이수하고 임관하면 좋고, 임관하지 못해도 바로 개업하여 변호사로서 삶은 어렵지 않아 수많은 인재가 사법시험에 도전했다. 하지만 지금은 대학 졸업 후 로스쿨을 나와 변호사 시험에 합격해야 변호사를 개업 할 수 있고 일정 기간의 변호사 생활을 거쳐야 검사나 판사로 임관된다.

필자가 2004년경 대법원에 근무 시 노무현 정부가 주도하여 대법원에 사법개혁 위원회를 설치하고 사법개혁을 이루어 가는 과정에서 이루어진 개혁 내용 중 가장 핵심사항이 사법시험을 폐지하고 현재의 로스쿨 제도를 마련한 것이다. 필자는 그때 법원행정처 사법정책연구실 소속 사법정책연구심의관이었기에 그 과정을 살펴볼 수 있었다. 로스쿨 제도를 새로 도입하는 데 있어 가장 큰 문제는 로스쿨 학생의 정원 총수와 각 대학별 배정 숫자였다. 시민단체와 대학 측은 많은 정원을, 변호사 협회와 재조 측은 되도록 적은 수의 정원을 생각하고 있어서 두 의견 간에 치열한 공방이 있었다. 그 다툼은 결국 법조인의 밥그릇 싸움으로서 당시 난제 중의 난제였다. 그 후 정원수를 점차 늘릴 수밖에 없었고 지금도 변호사 선발 인원수에 대하여 시민단체와 변호사 단체 간에 녹록하지 않은 싸움이 있다는 것은 다 아는 사실이다.

그 싸움의 끝은 보이지 않으나 변호사들과 재조인들은 밥그릇 감량 걱정으로 수를 늘리는 데 적극적으로 반대한다. 반면 시민단체들은 변호사의 문턱이 높고 과다한 수임료는 변호사들의 수가 적기에 초래하는 현상이므로 변호사 수를 늘려 법률 서비스 확대와 소송 비용(선임료) 저감을 도모해야 한다고 주장한다. 하지만 변호사 단체는 대한민국 최고의 압력 단체이고 각계에 특히 정계에 포진된 법조인의 힘을 무시하지 못하므로 그 가능성은 쉽지 않아 보인다. 변호사 수가 적은 것보다 많아야 하는 것은 누구나 인정하지만 지금도 사무실 운영에 쩔쩔매는 변호사가 있고 변호사 개업에 자신이 없어 공무원이나 기업에 취직하는 사람이 많이 있다는 현실은 예전과 많은 차이가 있어 격세지감이 느껴지는 것도 사실이다.

필자가 45여 년의 법조 생활을 하면서 그동안의 경험을 토대로 나름대로 판단해 본다면 변호사의 질적 수준은 결코 그들의 수(數)에 무관하게 그들의 기본 의식과 사회적 구조에 영향이 있다고 본다. 한마디로 변호사가 법률전문가로서 원칙적으로 소송에 임하지 않고, 그 외 사항(소정 외 사항, 전관예우 등)에 의존하는 것이 문제이다. 의뢰인도 단순히 법률로만 소송이 해결되지 않고 특수한 인간관계나 힘이 필요하다고 인식하고 있는 것도 문제다.

그러나 필자도 그러한 현상을 타개 할 수 있는 수단은 아직 알지 못하나 제도적 방법(직업교육·선도 등)이나 자체적 노력(양심회복·

자정 노력)이 필요하고 더불어 우리 국민도 그런 고정의식을 극복해야 한다고 미련하게 생각해 본다.

결국에 변호사는 사건을 수임받는 처지이고 우리는 선임하는 처지이므로 자기소송에 적합한 변호사를 선별·선임할 수 있어야 하는데, 어렵다면 법조계 생리를 아는 지인의 협조를 받을 수밖에 없다.

변호사를 선임하면서 먼저 버려야 할 생각은 모든 것을 변호사가 알아서 해 줄 것이며, 스스로 하면 질 소송도 이길 거라고 믿는 것이다. 소송은 있는 사실과 법률에 근거해 재단하기에 승패가 이미 정해져 있으나 실제로는 그 정해진 대로 결과가 나오지 않기에 문제가 있는 것이다. 소송에서 진실이 승리하는 것이 마땅하지만 진실이 승리한다는 보장은 없고 그 결과가 진실이 되는 것이다. 지는 재판인 줄 알고 하는 재판을 제외하고 누구든 이기겠다는 소송인데, 그 승패가 분명하다면 굳이 소송할 리 없지만 서로 다툼이 있고 당사자 간에 타협이나 승복이 되지 않기에 소송에 나선다. 결국에 법원에서 재판을 받을 수밖에 없어 변호사의 도움을 받을 경우라면 다음 세 단계를 거쳐 변호사를 선임할 것을 권한다.

◎ 제1단계(상담)

변호사와 사건 상담은 최소 두 곳 이상, 최대 다섯 곳 정도를 권한다.
개인 변호사와 법무 법인을 골고루 상담하고 상담 내용은 정리하여 선임 때 활용한다. 상담할 때 자기에게 불리한 자료나 창피한 자료를 숨겨서는 안 되고 사건과 관계된 자료는 총망라하여 상담 받고, 상대방이 가지고 있는 자료도 공개해야 한다. 변호사의 의견은 사건 자료에 대한 법리적 분석이고 충실한 자료만이 정확한 판단을 도출하는 것이기 때문이다. 꼭 빠뜨리지 말 것은 사건을 의뢰한다면 수임료가 어느 정도인지 미리 확인해야 한다. 선임료의 사전논의 없이 수임 계약 시 뜻밖의 고액 요구로 난감한 경우가 종종 발생한다.

◎ 제2단계(심사)

변호사와 상담 시, 사건의 규모와 난이도, 법리적 관점, 결과의 예단, 변호사의 스펙, 선임비용 등을 비교 분석하여 자기 사건에 적합한 변호사를 결정해야 한다.

결과에 대해 호언장담하거나 의외로 수임료를 낮게 부르는 변호사는 한 번 더 생각하고, 가장 중요한 것은 변호사 사무실의 분위기다. 어수선하거나 사무장이 주도하는 분위기는 피하는 것이 좋다.

◎ 제3단계(선택)

주의의 권고로 쉽게 선임하거나, 사건을 대수롭지 않게 여기거나, 결과에 대한 지나친 장담이나 낙관적인 밀에 넘어가지 말아야 한다. 발품을 팔아 여러 단계를 거쳐 변호사를 선임해야 후회가 적다. 변호사들이 판사를 잘 만나야 소송에서 좋은 결과를 얻는다고 하듯이 당사자도 좋은 변호사를 만나야 기대하는 결과를 얻을 수 있다. 제1~2단계의 결과를 종합적으로 검토 분석하고 자신의 사건에 적합한 변호사를 선택한다.

법조계 속사정은 직접 경험하지 않으면 잘 모르며, 소송하고 싶어서가 아니라 마지못해서 하는 것이므로 예삿일은 아니다. 특히 변호사업계의 속사정은 소송을 경험해도 그 깊이는 모르고 지나가는 것이 대부분이다. 1심·2심·3심을 거쳤거나 민·형사 소송을 다 경험해야 그 깊은 속을 조금 알 수가 있을 것이다. 모두 소송이 법과 양심의 잣대에 의하여 판단될 것을 기대하고 소송에 임하나 생각과 다른 현상이 수없이 벌어지기도 한다.

변호사를 선임하기 위해 상담하면 사무실마다 조금씩은 다른 말을 하며, 같은 사건임에도 선임료도 제각각 다르다. 자기만이 해낼 수 있는 특별한 수단이 있다든지. 소송 결과에 영향을 줄 수 있는 법원과의 특별한 관계가 있음을 강조하는 말을 들을 때, 소송하기 전에 법원에 대한 신뢰가 깨진다. 동시에 본인이 제기할 소송에 대한 불안이 머릿속에 자리 잡게 된다.

여기서 필자가 한 가지를 짚어주고 싶다. 변호사는 법률전문가로서 소송에 관한 모든 역량을 법정에서 발휘하나 법정 외에서 역량(소정 외 변론)을 발휘할 수 있음을 부정할 수 없다. 즉 소송의 정수(定數)가 있고 소송의 변수(變數)가 있는 데, 때에 따라서는 정수보다 변수가 어느 정도 작용하는 것이 현실이다. 이것은 일반적인 현상은 전혀 아니며, 아주 예외적이라고 주장하지만, 필자는 솔직히 어느 것도 인정하기 싫으면서 부정하지도 못한다.

직접 대면하여 부탁하는 것은 남의 눈을 피하기 어렵고 번거롭다. 통신 수단의 놀라운 발전과 요즈음과 같은 비대면 시대는 쉽게 소정

외 변론이 이루어져 소송의 변수가 된다는 것이다. 우선 전관예우 변호사나 유명한 변호사의 이름이 사건 대리인리스트에 올라 있는 것 자체가 이미 소정 외 변론이 시작되는 것이다.

형사사건에 있어서 선임계를 제출하지 않고 사건을 처리하는 능력(전화 변호)이 소위 소정 외 변론의 극치라 하겠다. 대형 형사사건에서 판사의 내심을 유도(표출)해 내는 능력과, 민사 사건의 경우 소가(訴價·소송 비용)가 큰 사건(손해 배상)은 판사의 재량이 숨어 있다면 직접으로나 간접으로 판사에게 신호를 보내는 것 등은 이미 알려진 상식이다. 하지만 더 거론하기 곤란한 고도의 수단도 있다. 이로써 사법부에 대한 신뢰가 깊이 금이 가고 변호사의 능력이 법전 속의 법이 아니라 법전 밖의 변법(辯法)이 상식이 된 이 현실에 머리가 아프다. 그 머리 좋은 사람들이 엮은 대로 세상이 돌아가는데, 속상하다고 당장 무슨 수가 있는지 머리를 굴려본다고 신통수(神通手)가 있을까. 정말로 무슨 신통수(神通手)가 있을까.

그래서 필자는 우리 스스로가 소송 거리를 예방하여 그들의 수고를 덜어보는 방법을 찾고자 한다. 우선 변호사를 법정에서만 활용하는 것이 아니라 법정에 가기 전에 활용하자. 계약 관계나 각종 사업에 있어 후일 시빗거리가 있을 수 있는지를 미리 찾아보고, 의심이 가는 사항들을 변호사나 법무사 등 법률전문가와 상담해 예상 문제를 사전에 점검하는 것이다. 즉 변호사를 법정에 세우는 것이 아니라 자기 앞에 세우는 것이다. 변호사에게 선임료를 주는 것이 아니라 상담료를 주는 것이다. 변호사를 돈으로 사서 모시는 것이 아니라 변호사를 스스로 고용하는 것이다, 앞으로 법정 출입 변호사는 줄어들고, 상담 전문변호사가 주류를 이루는 시대를 만들어 가자. 그들을 법정에만 세우는 것이 문제가 있기 때문이다. 우리가 그들의 활용방식을 대전환하여 현실의 악습과 폐단을 개선하자, 이제 인공지능의 시대에 수준이 낮은 변호사는 전자 변호사(인공지능)에게 쩔쩔맬 것이다. 굳이 발품을 팔아 변호사에게 찾아가 상담을 안 해도 사건 자료를 컴퓨터에 입력하여 기본적 판단이 나온다면 상담 단계를 생략하고 변호사를 바로 선임하거나 본인 스스로 소송을 진행할 수도 있을 것이다. 예측하건대 전자 변호, 전자 재판 시대가 다가오고 있기에 법정 재판 시대는 가고 비대면 재판 시대(화상재판)가 주류가 되는 것이 이 시대의 흐름이다. 그렇다면 소정 외 변론의 악폐(惡弊)가 자연스럽게 사라질 것을 기대할 수 있을 것이다.

5) 법률전문가는 변호사만이 아니다!

수준 있는 법무사가 있다는 것과 그 활용성에 대하여

지금까지는 소송에서 변호사를 활용하는 사례를 염두에 두고 변호사 세계의 속 사정을 알려 주면서 그 활용 방법을 소개했다.

소위 법률전문가라 하면 판사·검사·변호사만이 전부가 아니다. 법률을 전공한 학사·석사·박사가 있다. 법원이나 검찰청에서 다년간 근무하다 퇴직하여 자격시험을 거친 실무법무사와 법무사 자격시험에 합격한 자격법무사도 법률전문가 군이다. 이들도 소송사건 관련 상담 자격이 충분한데도, 일반적으로 소송대리인이라 하면 변호사가 우선 떠오르는 것을 아쉽게 생각한다. 고비용의 변호사보다 접근이 쉽고 비용이 매우 저렴한 법무사의 활용을 적극적으로 권한다. 일단 필자가 법무사이기에 직업 홍보로 그러한 주장을 한다고 여기겠지만 이 주장은 전혀 과장하지 않았다.

일반인들이 법무사를 확실한 법률전문가로 평가하지 않고 예전 서법 서사라고 칭할 때처럼 단순한 등기·호적서류의 작성자 수준으로 정도로 평가한다. 그래서 일반 소송사건을 전혀 취급하지 않거나 아예 그럴 수준이 아닌 것처럼 단정하는 사람들이 많다. 이는 전혀 잘못된 정보이다. 모든 사건을 취급 할 수 있으나, 법정에 출정하여 변론하지 못하는 것뿐이다.

그 이유는 현행법상 법정에서의 변론 대리권은 변호사에게만 있기 때문이다. 솔직히 말해서 변호사 수준은 아니지만, 아니 같은 대접을 못 받으나 대형사건이 아닌 소소한 사건은 오히려 법무사에게 맡겨 적은 비용으로 해결 할 수 있음을 경험한 사람들은 익히 잘 알고 있다. 모르신 분들은 필자의 권유를 한번 시험해 보시기 바란다.

변호사 가운데도 임관하지 못한 무관 변호사는 법원·검찰 내의 실무 경험이 없기에 내부의 실무사정에는 법무사만 못하다. 특히 법원 출신 법무사는 법원의 모든 업무[민사·형사·가사·행정·비송·회생·파산·등기·호적·집행(경매)신청 등]을 재직 시 다양하게 경험하였기에 실제로 모르는 업무가 없으므로 그 활용성이 많다 하겠다.

일반인은 스스로 법정에 출정하여 변론하며 직접 소송을 진행하기가 매우 어렵다. 그러므로 소송대리인으로 변호사로 선임한다.

그러나 소송 내용이 법리적으로 매우 치열한 공방이 예상되거나 초대형사건이 아니라면 무턱대고 변호사부터 찾을 것이 아니라 먼저 법무사를 찾아 상담하여 볼 것을 권장하면서 이제부터 법무사 활용 방법을 소개하고자 한다.

우선 법무사의 능력을 소개하자면 법무사는 누구나 그 자격시험을 통과했다. 시험내용이 법학을 전공하여 수료한 정도의 수준이 아니면 합격이 불가하다. 국가가 시행하는 공인 자격사 시험 중에서도 최고 수준의 난이도를 자랑한다. 법무사는 자격시험으로 끝나는 것이 아니고 개업을 하면 관할 법무사회(대한법무사회 및 지방 법무사회)에 가입하여 수시로 연수 교육을 이수해야 하며 그 연수 교육은 필수 사항으로 규정하고 있다. 이수를 게을리하거나 미 이수 시 강력한 제재(등록취소)가 따르기에 소홀히 할 수 없다. 법무사로서 업무 능력 향상과 대민 신뢰 확보를 위해 자체적으로 적극적으로 추진한다. 대한법무사회에는 각각의 분야별 최고 권위를 자랑하는 전문위원이 전속 배치되어 있어 법무사의 모든 업무를 적극적으로 지원하므로 해결할 수 없는 일이 없으리라 자부한다.

예전과 달리 지금은 법률 정보의 접근이 쉬우므로 당사자들이 어느 정도 소송 지식을 갖출 수 있는 환경이다. 법률전문가와 상담이 필요할 때, 사안이 크고 난해한 것이 아니라면 우선 접근이 쉽고 문턱이 낮은 법무사와 상담을 권한다. 그러나 상담결과 신뢰가 가지 않거나 해결능력이 부족하다고 판단될 때는 변호사를 찾는 것이 순서에 맞는 일이라 할 것이다.

법무사 활용 상의 가장 큰 문제는 법무사는 의뢰받은 당사자를 대리하여 법정에 출석해 직접 변론을 하지 못하는 것뿐이다. 다만 법무사가 작성한 소장이나 답변서나 준비서면 등은 법정에 제출·현출되면 사실상 구술된 것으로 처리된다. 즉 심리자료로 인정되어 당사자가 반복하여 구술할 필요가 없으므로 판사의 소송 지휘에 따르면 소송 수행이 가능하다. 재언하면, 어느 정도 능력과 요령이 있다면 법무사의 협조를 받아 본인 스스로 소송을 수행 할 수 있다는 자신을 가져야 한다. 이러한 나 홀로 소송의 경험은 귀하게 얻는 평생의 재산(능력)이 될 것이다.

법무사 활용의 장점을 소개한다면 우선 지급 수수료가 매우 낮다는 사실이다. 법무사의 수수료는 대법원의 감독을 받아 대한법무사회에서 정한다. 변호사가 수수료 규정이 공식적으로 없는 것(마음대로 받음)과는 구별되고, 그 내용(보수)이 합리적이어서 의뢰인들의 부담이 매우 낮다. 실제로 변호사 선임비용의 오분의 일도 안 된다. 비교가 안 될 만큼 저렴하다는 것은 활용해보면 알게 된다. 더 솔직히 말하면 능력과 비교하여 너무 낮은 대가를 받는다.

대형 본안사건을 제외하고 신청사건(가압류·가처분), 집행사건(경매·압류 등), 개인회생·파산사건·호적(가사) 등기사건 등은 실무에 강한 법무사가 더 전문성을 갖추고 있다. 대여금 사건·임대차 사건·단순 명도 사건 등은 고액의 선임료를 지불해야 하는 변호사보다는 법무사에게 맡겨 해결하는 것이 실속 있는 일이라고 자신 있게 권한다.

송무(민사사건·형사사건·가사사건)만 전문으로 하는 송무전문법무사의 능력은 변호사 못지않다. 내가 아는 어느 법무사는 호텔에 방을 잡아 놓고 소장·항소장·상고장을 쓸 정도로 일이 많으며 상고전문가라고 소문났다. 소송을 경험하여 본 사람은 알겠으나 법정에서 연설이나 웅변하는 것도 아니고 판사의 물음에 분명히 답하는 정도이다. 이미 서류로 변론 사항을 제출하였기에 할 말도 별로 없다. 미리 겁먹고 비싼 선임료를 주고 변호사를 살 일은 아니라 하면 변호사들은 기분 나빠하겠지만 가능하다면 직접 소송을 수행해 보는 것이 후회가 적을 것이다. 설사 제1심에서 패했다 하여도 항소심이 있기에 그때 변호인을 선임하여 다툴 기회가 있어 꼭 실패라고 할 일은 아니다.

법무사를 선정할 때도 최소한 두 군데 이상은 찾아볼 것을 권한다. 민사 사건이면 법원 출신 법무사를, 형사사건이면 기소 전 단계에서는 검찰 출신 법무사를, 기소 이후에는 법원 출신 법무사를 찾는 것이 좋다. 기타 일반 사건은 출신 구분 없이 선정하여도 누구나 잘 감당할 수 있다. 특히 고소·고발장의 작성을 의뢰하려면 검찰 출신 법무사에게 맡기는 것이 좋은 이유는 그들은 재직 때 많이 취급해서 작성방식과 요령을 잘 알기 때문이다. 또 높은 전문성이 요구되는 호적이나 가사비송 사건은 그 업무를 전문으로 하는 법무사가 있으므로 그들에게 맡겨 원하는 결과를 얻을 수 있다.

법무사를 예전의 대서사 취급하지 말고 법률전문가 군으로 대접하여 주기를 바란다. 적은 비용으로 실속 있는 소송결과를 얻을 것이라고 자신 있게 권고한다. 특별히 능력 있다는 변호사는 돈 많은 사람의 차지라 할 것이나 우리 법무사는 돈 없는 서민들의 생활 법률문제 해결사로 자리매김하여 법조 일역을 감당하는 건강한 봉사자가 되기에 나부터 앞장설 것을 다짐한다. 무너진 법조 신뢰를 우리 법무사들이 앞장서 튼튼히 그 기초를 쌓아보려는 두터운 마음이 심중에 가득함을 밝힌다.

외람되지만 필자의 업무 스타일을 간략히 소개하겠다. 필자의 사무실에 오는 손님은 평소 알고 있는 분이나 지인의 소개로 오는 분들이지만, 전혀 모르는 분도 간판만 보고 찾아오시기도 한다. 처음 뵙는 분은 필자를 찾은 연유를 물어보고 상담을 한 후 꼭 법무사가 나만이 아니니 다른 법무사나 변호사를 찾아 한두 번 더 상담한 후 가장 신뢰가 가는 곳을 선택하라고 권한다. 그러면 직원은 왜 오신 손님을 잘 모시지 못하고 쫓느냐고 하면서 이해하지 못하겠다는 듯한 눈빛으로 볼 때도 있다. 아마도 일 년에 삼십여 명 정도는 그렇게 했을 것인데 다시 오시는 분은 절반 정도이다. 그렇게 하는 이유는 업무의 시작(접수)은 의뢰인에게 신뢰를 받는 것으로 여기기 때문이다.

　필자가 상담하면 소송까지 갈 필요가 없는데 감정이 앞서 소송을 하려고 하는 사람과, 당연히 해야 할 책임과 의무를 피하려는 의도로 소송을 하는 사람들이 있다. 그러한 경우는 단호히 거절하고 그런 생각을 거둘 것을 권하여 돌려보낸다. 소송 거리도 안 되는 일에 소장을 작성해 달라 하고, 고소거리도 안 되는 사건에 고소장을 써 달라는 것을, 내 양심상 전혀 일거리로 보지 않는 업무 스타일 때문이다. 법무사 일을 그만두는 순간까지 지킬 필자의 신조이기도 하다.

　지나다 들어온 사람들과 상담하면 애초부터 법무사를 대수롭지 않게 생각하고 법률전문가가 아닌 의뢰자의 말이나 적어주는 속기사 또는 '대서꾼' 정도로 생각하고 별일도 아닌데 높은 수수료를 받느냐는 식으로 대하는 사람이 있다. 필자는 그런 태도를 용납하지 못하는 '악성 법률가'이다. 그런 분은 수고에 대한 감사도 모를 뿐만 아니라 혹여 기대에 못 미치는 결과가 나왔을 경우 법무사만 탓(역시나 법무사는 그 정도야!)할 분이기에 능력이 부족하다며 정중히 문밖으로 모시는 것을 주저치 않는다. 무시를 당하면서까지 일하고 싶지 않은 것뿐만 아니라 신뢰가 없는 접수를 하지 않는 헌법 위의 '필자의 법'을 지키기 위해서다.

필자가 30여 년을 법원 근무를 통해 축적한 실무 지식과 경험을 토대로 법원 밖에서 서민들의 생활 법률문제 해결에 조금이나마 이바지할 수 있다는 것이 너무 자랑스럽다. 더하여 법원에서 근무하였던 결과에 따른 또 다른 임무로 알고 열심히 봉사하는 마음으로 일하고자 한다.

☞ **법무사를 적극적으로 활용해야 할 이유**
　① 적은 비용으로 활용할 수 있는 수준 있는 법률전문가다.
　② 감당할만한 능력 범위 내에서 순수한 책임감으로 일한다. (안 되는 것은 안 된다고 말 한다.)
　③ 규정된 보수를 받으며 서민에 대한 봉사를 사명감으로 일한다. (규정보수(수수료) 금액을 감액하는 경우는 있어도 초과하는 경우는 없다.)

6) 변호사들의 법정 태도〔연술(演述) 능력〕

변호사들의 변호 스타일은 다음과 같이 각양각색이다.

◎ **주연 스타일**: 스스로가 변론의 모든 것을 주도적으로 이끌고 자기가 의도하는 결과를 얻어 내려는 적극적 스타일로서 자기주장이 강하고 자존심이 높은 변호사다.

◎ **조연 스타일**: 법정의 주연을 판사로 내세우고 변호사 본인은 주연을 도와 주연이 멋진 연기(재단)를 하도록 적극적으로 조력한다. 주연이 어떤 조력(변호)을 필요한지를 알고자 노력하여 그에 합당하게 조력하는 스타일로 가장 합리적이고 책임감 있는 변호사다.

◎ **엑스트라 스타일**: 의뢰인의 선임을 받아 법정에 출연한 것만으로 만족하고 수임료를 받는 처지에서 의뢰인의 구미에 맞는 연기를 하고자 애쓰며 결과는 판사에게 맡기는 스타일로 책임감과 능력이 부족한 변호사다.

◎ **연출 스타일**: 위 스타일과 달리 눈에 뜨이는 변호사들의 법정 스타일은 웅변가 스타일 또는 연설가 스타일이다.

웅변가 스타일은 주로 형사사건 공판 법정에서 볼 수 있다. 판사를 위한 웅변이 아니라 의뢰인을 의식하는 웅변으로서 수임료를 많이 받은 것에 부응하여 돈값을 하려는 연술(演述 :자기의 사상, 의견 따위를 말이나 글로 나타냄)이다. 판사가 중요하게 생각하지 않는 것을 알면서도 일부러 하는 변술(辯術)이다. 그러나 의뢰인이나 방청객의 마음을 얻는 데는 어느 정도 성공하는 스타일이다. 물론 원래가 웅변가일 수는 있으나 진정 웅변가라면 법정에서는 웅변이 그다지 통하지 않기에 아껴두고 차분하고 논리 정연한 언어 구사를 시도하는 것이 더 웅변적이라 할 것이다.

또 연설가 스타일 역시 돈값을 하려는 장황한 연설로 설교식 변호를 구사하는 스타일이다. 법정에서는 군더더기 없는 간단명료한 언어로 판사의 머리에 박히는 법리 정연한 핵심언어를 구사해야 한다. 그런데 사족과 군말로 판사가 듣지 않는 연술을 구사하면서 의뢰인의 환심을 사려는 의도이다. 낭비성이자 과시형 변호사는 결국 돈을 많이 받았기에 돈을 준 사람에 대한 책임이 아니라, 돈에 대한 책임을 지기 위한 몸부림으로 여긴다. 이에 대한 변명이 있을까, 기다려 볼까 한다.

필자가 경험한 멋진 변호사는 법정에서 예절 있는 태도로 법정 특유의 엄숙한 분위기를 따라가면서도 변론에 임하여 능숙한 태도로 준비된 변론을 간명하게 피력하는 깔끔한 스타일이다. 또 감동을 주는 변호사도 있는데, 사선(私選·의뢰인이 선임)이 아닌 국선(國選·나라에서 선임)인데도 당사자를 위하여 열성적으로 변호한다. 수고를 마다하지 않고 당사자를 만나서나 자료수집을 직접 수행하는 변호사의 그런 태도는 다른 변호사의 귀감이 되고 수범이 되므로 그런 변호사에게는 감사와 경의를 마음속에 품게 된다.

필자가 수없이 꼴불견 변호사와 태도 불량 변호사를 경험하였으나 기록하기조차 싫기에 독자의 짐작으로 넘긴다.

7) 변호사 수임료의 상한이 필요한가?

✒

하는 만큼, 할 만큼만 주면 돼요!

변호사에게는 수임료에 대한 제한이 없어 무료 변호에서부터 무제한의 수임료를 받을 수 있다. 어느 대법관이 20년 전에 퇴임을 하고 서초동 법조 타운에 개업한다고 소문이 나자 전국의 대형사건들이 개업하기도 전에 몰려 왔다 한다. 그중에는 차마 변호해 줄 수 없는 사건(파렴치 사건)도 있어 수임을 거절하기에 곤혹스러웠다 한다. 그들은 수임료는 달라는 대로 주겠다 했으나 사건이 워낙 사회적 비난을 받는 악성이기에 거절할 수밖에 없었다 한다. 대법관 출신이기에 그렇게 하였을 것이고, 아니었다면 돈에 넘어갔을 것이 아닌가 하는 생각이 든다.

부장판사 정도가 개업한다면 처음 몇 건의 수임으로 개업 자금이 마련되고 1년 이내에 평생 먹을 것을 마련한다는 소문이 예전에는 헛소문이 아니었다. 하지만 지금은 사정이 달라졌고 대형 로펌 운영이 대세라 단독 개업의 안정성이 낮아진 현실여건에다 단독 개업의 복잡성(사무실·사무원·거래처 관리 등)으로 대형 로펌에 바로 들어가 안정을 꾀하는 변호사도 많다. 변호사업계도 부익부 빈익빈이 심하다. 사무실 운영을 걱정하는 변호사가 있는가 하면 사건이 넘쳐서 즐거운 비명을 지르는 변호사도 있다.

변호사들은 공식적인 수임료 이외에 다른 명목으로 의뢰자로부터 또 다른 수임료를 요구한다. 주로 변호사 사무원들의 수작인데, 법원에서 기록 복사에 시간이 걸리므로 빨리하기 위해 급행 비용이 든다거나, 소송 편의를 얻기 위해 담당 직원을 대접해야 한다는 등의 핑계로 과외 수임료를 요구하는 것이 예사이다. 그런 일이 극심해 밖으로 문제가 되자 2000년도 경 전국 변호사사무원임원회의에서 급행료 없애기를 결의했다는 사실이 이를 입증한다. 그런 일은 지난 일이라 하겠지만 지금도 없을 것이라고는 장담하지 못한다.

변호사도 다양한 사건을 모두 감당하기에는 사실상 불가능하여 나름대로 자기 전문분야를 특화하며, 그 전문분야를 장점으로 내세워 사건 의뢰를 받는다. 대략 예를 들면 금융·건설·의료·환경·세무·무역·해양·재개발 등의 전문이 있다. 그런데 이는 개인 변호사의 문제다. 대형 로펌에서는 각 분야의 전문가를 자체적으로 양성하거나 외부에서 영입하여 각 전문분야에 따라 진용(구성)을 갖추고 있다. 사건을 의뢰받으면 해당 사건 취급에 적합한 전문가 두 세 명으로 팀을 구성하여 책임제로 소송을 진행하는 다수협력변호 시스템을 운영한다, 그러기에 개인 변호사와 비교하여 수임료가 높은 편인데 이는 전문성과 신뢰를 바탕으로 의뢰인의 인정을 받기 때문이 아닌가 싶다.

보통 사건에서는 그렇지 않으나 대형사건인 경우 변호사를 여러 사람 선임하는 것뿐만 아니라, 이에 더해 대형 로펌까지 동원하여 그룹으로 변호를 받는 의뢰인(피고인 또는 원고)들이 있다. 특히 재벌

관련 사건에서 그런 사례를 많이 본다. 그 이유를 살펴보면 먼저 최고의 능력 동원이고, 둘째 변호인 간 경쟁 유도이며, 셋째 돈의 위력을 통한 심정적 위안이라고 볼 것이다. 변호사가 모든 것(다방면의 전문성)을 다 갖추지는 못하기에 각 분야에 따라 최고의 전문가를 선임하고 그들의 결과(공헌도)경쟁을 유도하여 스스로 위안을 얻으려는 가진 자들의 과시욕일 수도 있다. 선임료에 구애를 받지 않고 그룹(떼)으로 변호사를 붙여 그 결과를 유리하게 도출해 내고자 하는 것이다. 이러한 과정에서 변호사들은 톡톡한 재미를 보고 있다.

 그러나 소송은 법리적 승부뿐만 아니라, 판사의 마음을 얻는 것이다. 이 두 가지를 다 얻는다고 장담할 수 있는가. 필자의 경험에 의하면 금력의 과시는 오히려 판사에게 심리적 부담을 지우고 판사의 심정적 관용의 여지를 빼앗는 자충수가 될 수 있다. 변호사들이 너무 나서면 판사가 오히려 변호사들의 눈치를 보게 되고 혹여 관대함을 베풀고 싶어도 요란스러운 분위기 때문에 불필요한 외부 시선(언론)을 받을 수 있음을 의식해 더욱 냉정해지는 경우를 보았다. 소송은 너무 떠들썩하게 소문내며 진행하는 것보다 조용하게 인간적 풍모를 서로 교감하며 진행하는 것이 최고의 변호이고 최고의 전략인 것을 필자는 오랜 입회 경력을 통해 확인하였다. 수임료를 많이 받은 변호사가 판사를 향한 변호가 아니라 의뢰인을 의식한 변호는 돈값 질이 된다. 무엇보다도 소송은 변호사에게 전적으로 맡기는 것이 아니라 스스로 소송하는 것이라는 사실을 잊어버리는 당사자는 좋은 결과를 기대할 수 없다. 이는 법정의 위대하고 냉엄한 교훈임을 인식하기를 바라는 마음 간절하다. 특히 형사사건은 변호사를 통한 변호보다 피고인 자신의 변호가 우선임을 알고 재판관에게 마음으로 다가가기를 권한다. 소송을 경험했던 사람은 이 당부에 적지 않게 공감이 될 것이다.

법정에서는 돈의 위력과시나 치열한 법리 논쟁보다도 소송에 성실히 임하는 한 인간의 따뜻한 풍모가 더 아름다워 보이기에 판관의 공감을 얻는 힘 있는 변호로 작용한다. 판사를 긴장하게 하는 것보다 자신을 솔직히 드러내며 편하게 웃도록 할 때 재판도 제대로 귀결되는 것을 보았다. 판사는 법리보다는 피고인의 순수한 인간성에 더 감동함을 자주 보았다.

오늘날 변호사의 세계도 예전에 느끼던 화려한 직종도 아니고 구석구석 허술하고 때로는 애처롭게도 보이는 측면도 있다. 수입 차이가 너무 극심하고 수입 정도가 능력이 되어 능력 없는 변호사는 개업이 아니라 취업을 하는 형편이다. 취업마저 잘 안 되어 자격증을 놀리고 있는 휴업 변호사들이 존재함을 볼 때 세상이 많이 변화하고 있음을 본다.

이러한 상황이 생긴 대체석인 원인은 변호사의 공생의식이 부족하고 협동·협조가 잘 이루어지지 않음에 있다. 지나친 경쟁 구조이기에 전반적인 수입의 편차가 크다. 그래서 편법 탈법 운영이 생기고 그 틈새를 타고 브로커가 활개를 치는 현실은 변호사만의 문제가 아니라 법조 전체의 문제가 되고 있다.

필자는 그러한 문제를 변호사 스스로 해결하도록 맡길 수도 있으나, 한 가지 변호사 수임료의 최고 한계를 정해 지나치게 고액 수임료를 금지하여 상대적 박탈감을 조금이나마 해소하는 것이 필요하다고 감히 제안하고자 한다. 아무리 수준 차이나 능력 차이가 난다 해도 최소 2~3백만 원에서부터 최고 수십억 원까지의 그 격차는 너무 심하다. 사건의 난이도에 따른 것이라 해도 변호사가 보는 난이도가 아니라 의뢰인에게 의도적으로 주입한 난이도일 수도 있다. 그런데도 그렇게 큰 차이가 나도 되는지 묻고 싶다.

필자는 변호사가 아무리 수고를 해도 일억 원 이상의 수고(노력)가 있지 않으며 일억 원 이상의 능력이 없으며 일억 원 이상의 공로가 있을 수 없다고 장담한다. 그런 능력 있는 변호사가 있으면 나에게 능력을 한번 보여주기를 엎드려 바란다. 소가(訴價)가 많다고 수임료도 높아야 한다는 원칙이 없고 수고의 대가라는 원칙은 부정할 수 없다면 그만한 수고 없이 받는 대가는 원칙을 벗어난 것이 아닌지 묻고 싶다.

"배고픈 변호사는 굶주린 사자보다도 더 무섭다"라는 말이 생겨 날 정도인데 앞으로 배고픈 변호사가 더욱 생겨 날 추세임을 생각해 보면 변호사들이 두려워진다.

사람들이 변호사를 선임하면서 "변호사를 산다"라고 하는 것은 돈을 주지 않으면 안 되기 때문이다. 그러나 지금은 "변호사를 사서 쓴다"라고 하는데 그 말은 소위 사무장 법무법인으로서 사무장이 변호사를 고용하여 법무 법인을 설립하고 실질적인 법무 법인의 운영자가 되면 변호사는 직원(고용인)으로서 월급을 받는다. 그런 일이 갑자기 일어난 것도 아니고 전에도 있었으며 그때는 개인 사무실 정도였으나 지금은 어엿한 법무 법인(로펌)으로 활동하는 추세이다. 변호사의 영업 환경이 척박해질수록 기승을 부릴 수 있는 여지가 더 생기는 것 같다.

최근 2020년 8월 31일 자 법률신문 제1면에 대서특필해 이 문제를 보도한 것을 보아도 알 수 있다. 변호사 자격증이 거래되는 것이고 변호사는 독립하여 개업하는 것이 아니라 취직하는 것이 낯 설지 않음을 말해준다. 이렇게 되면 소송을 위하여 변호사를 선임할 때 신중히 선택해야 하는 문제가 우선적으로 생긴다. 변호사의 화려한 옛날은 이미 가고 전자시대를 맞이하여 점점 어려워져 가다가 마침내 변호사 자격증 무용 시대가 올 수도 있다는 예언이 무지에서 나온 것만이 아니라는 생각이 든다.

2003년 2월경 변호사 신규 등록자가 본 윤리시험에서 3분의 일 이상이 글자 하나도 안 틀리게 서로 베꼈다는 신문(2003년 02월 13일 자 문화일보)기사가 났다. 변호사는 출발부터 비윤리 집단임을 보인 사례이고, 지금도 별로 달라진 것이 없다는 이야기이다. 가장 윤리적이고 가장 정의롭고 가장 정직해야 할 지성 집단이 이렇다면 하물며 다른 집단이야말로 무슨 말을 해야 할지 모를 일이다. 변호사

2020년 8월 31일 자 법률신문 관련 기사

들을 선임했던 사람 중에 "상대방에게 죽지 않고 변호사에게 죽고, 변호사에게 준 돈이 헛돈이고, 변호사는 돈 되는 사건에는 움직이고 돈 안 되는 사건에는 안 움직인다"라고 하는 데 정말 아니라고 반박할 수 있는지, 아니면 정말 억울하다고 할 수 있는지 묻고 싶다.

☞ 어느 변호사의 별난 개업 인사

1992년 2월 어느 날 개업한다고 신문 광고를 낸 어느 변호사의 개업 인사의 진심은 지금까지도 모르겠다. 그의 진심은 과연 무엇이었을까.

어느 변호사의 개업 신문광고문

8) 변호사의 미래

50년도 못 갈 것 같은데 100년 갈 것처럼 하시네요?

    변호사들에게도 화려한 옛날은 갔다고 하면 아직은 버틸만하다고 할 수 있으나 앞으로 그들 앞에 어두운 그림자가 다가오고 있다. 정보의 홍수 시대에 옛날처럼 어두운 구석은 없어지고 맑아지고 밝아져서 턱없는 수임료를 받을 수도 없으며 늘어나는 회원 수로 경쟁은 더욱 심해졌다. 이제 편한 영업은 생각하기 어렵다. 전에는 소위 마당발이 돈발이고 인적 자원이 영업 자산이었으나 이제는 무한 경쟁 시대라 아는 사람을 찾아가는 것이 아니라 능력을 찾아가는 시대이고, 비교 견적을 들고 수임료를 흥정하는 시대가 된 것이다. 상담료를 받기보다는 무료 상담도 영업으로 여길 정도이며 찾아오는 영업이 아니라 찾아가는 영업이 되었으며 광고 영업 시대로 들어선 것이 옛일이 되었다.

    법조 타운 주변에서 흔히 접하는 광고의 카피는 형사 전문변호사·민사 전문변호사·이혼 전문변호사·파산 전문변호사·채권 추심 전문변호사·보험 전문변호사·의료 전문변호사·재개발 전문변호사·국제 상사 분쟁 전문변호사 등등이다. 아직 무죄 전문변호사·부동산 전문변호사·증권 전문변호사 등의 광고는 보지 못한 것 같은데 곧 나타

나리라고 생각한다.

변호사들의 생각도 많이 변하는 것을 볼 수 있다. 어느 부장판사는 현직 때는 쉴 틈 없이 일만 했다, 개업 후에는 한동안 정신없이 사무실 일에 파묻혀 지내다 보면 어느덧 좋은 시절은 다 가고 나이가 든 것을 실감하면서. 이제는 삶에 권태를 느끼고 언제까지 이렇게 살아야 하나 회의를 갖게 되었다 한다.

필자가 현직으로 일할 당시 법정에 오는 나이든 변호사를 보고 변호사는 정년 없이 일하니 무척 복 받은 사람들이라고 부러워했다. 실은 나이 들어서도 일 할 수는 있으나 그렇게 부러워할 일만도 아님을 지금은 알 수 있었다. 오늘날 법조계 최고의 엘리트들이 가장 선호하는 자리가 로스쿨 교수이다. 그 자리는 대우도 받고 수입도 상당하며 무엇보다도 변호사들처럼 영업 관리에 매달리지 않고 심신이 자유롭다는 이유에서다. 그래서 사법시험 수석 합격자들이나 중요 법조 경력자, 대형 로펌 경력자들이 학교로 몰려간다. 이는 그저 일만이 아니라 여유 있게 삶도 즐길 수 있는 '워라밸 (working-life balance)'로 변화하고 있기 때문인가 한다.

변호사들도 앞으로가 정말 문제이다. 여러 가지 문제가 있으나 전자시대에 인공지능과 경쟁하는 문제가 사소하지 않다고 본다. 각종 기기에 인공지능이 활용되는 것은 말할 것도 없고 영업·투자·교육·오락·운동 영역에서 인공지능이, 대기업의 면접까지도 인공지능이 대신한다. 정신 분석·의료 검진까지도 인공지능이 수행한 지 오래됐다, 법률문제의 분석·해결 판단에도 인공지능이 활용되기 시작하니 변호사의 영역이 온전히 그대로 유지되겠는가. 이미 걱정거리가 된 지 오래다. 곧 인공지능과 법률 상담을 하고 인공지능으로부터 판단을 받아야 한다면 변호사들은 할 일이 있을지 걱정해야 한다.

어느 대기업의 직원 채용 면접에서 인공지능이 면접자에게 "귀하는 대답에 자신 없는 태도를 보이는데 그 이유가 무엇인가요?"라고 했다는 말을 전해 들으면서 고도의 인공지능은 현재 심리 파악뿐만 아니라 장래 심리까지도 간파할 수 있다고 장담하니, 요즘처럼 사법 신뢰가 너무나 부족한 상황에 인공지능의 분석 신뢰가 더 우세한 형국으로 가지 않으리라는 보장이 있는지 걱정된다. 그래서 법조계는 전자시대(언택트·전자 플랫폼)라는 엄청난 격변기를 맞이할 수밖에 없고 그 변화의 격랑을 속절없이 수용해야 하는데 다만 밀리고, 잘려도 인간 사법이 전자사법의 상위 단계 자리만은 기필코 지켜가야 할 것이다. 우리는 위대한 인간이기 때문이다.

이제 닥쳐온 전자시대(언택트)에서 사람들이 인공지능 앞으로 몰려가지 않고 변호사들을 찾게 하는 방법은 무엇일까.

첫째, 사람 향기를 풍겨야 한다.

기계는 갖춘 능력으로 반응만 하지 향기가 없어 유혹하지 못한다. 하지만 사람은 상큼하고 그윽한 향기로 사건 당사자들을 유혹해야 한다. 즉 인간만이 갖는 매력을 발산해야 한다. 만일 기계가 감성이 있고 체취(향기)가 있다면 변호사들의 앞날이 암울하다 할 것이다.

둘째, 문턱이 없어야 한다.

변호사에게 지금처럼 문턱이 있으면 들어오다 걸려 넘어진다. 문턱이 없어야 누구라도 쉽게 들어오고 쉽게 접근 할 수 있다.

셋째, 조력자가 아니라 봉사자가 되어야 한다.

이제부터는 도움을 준다는 태도가 아니라 진정으로 봉사한다는 철저한 공인이 되어야 한다. 한마디로 변호사는 돈벌이가 아니라 사회 봉사자로 거듭나야 한다. 베푸는 자라야 혜택을 얻을 수 있다는 것을 알아야 한다. 변호사들이 새 시대가 필요한 새로운 인격으로 변화되어 인간의 존엄과 가치수호자로서 모두의 선망과 존경을 받는 미래 선도자가 되는 것이 전자시대의 확실한 생존 수단이 된다고 감히 주장하면 고개를 끄덕여 줄 사람이 과연 있을까.

강직하고 양심적인 변호사로 유명한 대구 출신의 이인 변호사는 법무부장관까지 하신 분이다. 평소 직업 신조로 "'앙강부약(仰强扶弱·강직함을 유지하되 약한 자를 돕는다)'을 삼으면서 약자를 돕는 것을 변호사의 기본 직무로 삼았다. 그런데 지금의 변호사들은 앞날이 어려워질수록 그런 태도를 귀감으로 삼아 업무에 충실해야 앞날이 있지 않을까 감히 생각해 본다.

참고로 전자시대의 소송 문화를 예상하면 다음과 같다.

☞ **1단계 (탐색단계): 소송은 철저한 사전준비가 필요하다.**

소송 자료를 수집하여 소송 방향과 수단에 대해 전자정보를 활용하여 탐색·검토한다. 인공지능으로부터 보완 자료의 필요성 탐색, 입증 자료의 분류, 정리, 재판의 종류, 관할 등에 관한 안내를 받게 된다.

☞ **2단계 (예단 단계)**: 준비된 모든 자료로 인공지능을 통해 사전 예단을 받는다,

즉 축적된 정보와 인식 기능을 내장한 인공지능 판사로 재단하게 하여 그 결과(승소 가능성)를 예상한다.

☞ **3단계 (선택 단계)**: 예단 결과를 바탕으로 소송할 것인가? 소송한다면 변호사를 선임할 것인가? 아니면 소송을 포기할 것인가?

소송 외의 방법을 찾을 것인가? 변호사의 도움을 받지 않고 나 홀로 소송할 것인가 등을 고민하고 선택한다. 예전에는 스스로 수행하거나 변호사 등 법률전문가에게 의뢰하는 두 가지 선택뿐이었으나, 전자시대에는 위와 같이 3단계를 거쳐 보다 준비된 소송에 나섬으로 승률이 높은 소송을 도출해 낼 수 있다,

전자시대의 도래에 대하여 좀 더 심하게 부정적으로 예측하면 이후 사법 문화가 자격증 없는 인공지능의 활동시대로 변해 인공시능이 다 하고 나머지를 변호사와 판사들이 취급하는 위험한 시대로 추락하는 것이 아닐까 싶다.

전자시대에 변호사가 활동하는 주 무대는 법정도 사무실도 아니다. 그럼 어디인가. 모니터 앞(전자 통신 플랫폼)이다. 상담도 온라인, 수임 절차도 온라인, 변론 절차(공판절차)도 온라인, 재판 결과

도 온라인에서 확인하는 시대가 될 것이므로 주저 없이 변호사들의 활동 무대가 온라인이라 할 수 있다. 광고도 온라인과 모바일 통신으로 하고 소송 수행도 온라인상에서 한다면 앞으로 변호사들의 활동 행태가 크게 변화될 것이다. 시공을 초월하여 언제든지 어디에서든지 활동하는 시대에서 일해야 하는 시련이 눈앞에 다가왔다. 이제 법정이 변호사의 일터가 아니고 온라인이 일터가 될 것이다.

앞으로 인공지능과 동거하면서 경쟁하는 전자 전천후 활동 시대에 법조인들이 인간으로서 격조 높은 삶을 기대 할 수 있을지, 부질없는 걱정이었으면 좋겠다.

전자시대에 대비하여 변호사들의 변신이 필요하다, 인공지능을 경계하고 두려워할 것이 아니다. 더욱 친해져야 한다. 결국에 인공지능은 경쟁 관계가 아니라 활용 도구일 뿐이다. 사람들과는 더욱 친하게 지내야 한다. 친하다는 것은 서로 접근성이 좋다는 것이다. 접근성은 곧 봉사와 헌신인데, 다른 말로 '사랑'이라고 하면 고개를 저을 것인가.

변호사업계의 추락을 최소한으로 막으려면 우선 무엇을 새로 하겠다는 것보다 지금 단계에서 지탄받는 것들을 하나하나 개선하거나 제거해야 한다. 우선 공인의식을 되찾고 선한 봉사자가 되며 의뢰인에게 부담을 주는 선임 계약서상 승소 간주[의뢰인이 임의로 소를 취하하거나 소외로 화해하는 사례, 무조건 승소로 간주해 성공보수를 받는다는 약정으로 공정 거래 위원회의 시정 권고사항으로서 대법원에서 무효의 약정으로 판시(2005다43067호)]조항과 성공 보수조항은 지워야 할 것이다, 이제는 패소 책임에 따른 패소부담금 조항이 새로 생기게 될지도 모르며 소송사건의 변호인 선임 공개경쟁입찰제도가 생길 것이 자명하기 때문이다.

☞ **이제 마무리하면서 변호사에 꼭 하고 싶은 말**
① 법으로 돈벌이하는 법 장사가 되기보다는 법의 정신(자유·평등·정의)으로 세상을 구하는 애민사(愛民士)가 되시라! (법은 돈을 긁어모으는 갈퀴가 아니고 악을 자르는 칼이다.)
② 착한 긴장감으로 의뢰인을 구(보호)하고 지저분한 장난질로 스스로 버리지 마시라 (의뢰인은 변호사를 신뢰하는데 변호사는 의뢰인을 배반하는 일이 있다.)
③ 강한 자에게는 엄한 아비가 되고 약한 자에게는 친한 형제가 되시라 (변호사는 있는 자에게는 쫓아가고 없는 자는 멀리한다.)
④ 사람들이 부러워하는 변호사가 아니라 부러워하는 사람이 되시라. (이제 돈 잘 버는 변호사 시대는 저물어 감에 따라 새로운 변신이 필요하다.)

Chapter 7

제6 법정

1) 사법기관이 필요 없는 세상을 위하여

✒

사법기관 존재 이유: 세상이 꼭 자유로울 필요가 없고, 세상이 꼭 평등할 필요가 없고, 세상이 꼭 정의로울 필요가 없기에 사법기관이 필요하다.

사법기관은 법을 판단하고 적용하는 국가기관으로서 좁게는 법원이지만 넓게는 검찰·경찰을 포함한다.

이른바 사법기관이라 할 수 있는 법원·검찰·경찰은 법을 적용하여 국가의 안전과 질서를 유지하고 자유 평등 정의를 구현 해 나가는 기관이다.

만일 이 나라에 완전한 자유와 평등과 정의가 유지된다면 사법기관이 필요한가. 그럴 필요가 없기에 사법기관이 필요하다고 하면 역설이라 할지 모르겠다. 법을 어기는 사람을 다스리기 위한 사법기관이라면 그런 사람들이 없을 때 필요 없는 기관이 아닌가. 그렇기에 경찰서 앞의 "믿음직한 경찰, 안전한 대한민국" 검찰청 앞의 "정의로운 검찰, 공정한 검찰" 대법원 앞의 "자유·평등·정의"라는 구호는 필요 없는 구호를 내세우는 것이다. 만일 완전한 자유와 평등과 정의가 이루어지는 이 나라에 그토록 많은 사법기관이 있을 이유가 있는가. 그래서 자유·평등·정의가 꼭 필요한 것이 아니라는 것이다. 달리 말하면 사법기관의 존재는 정말 불필요한 것임을 말해준다.

솔직히 지금 사법기관이 법을 제대로 지키며 그들이 내 걸고 있는 구호를 제대로 구현하고 있는가? 그들이 불법의 필요성, 부당의 필요성을 앞장서서 실천하고 있다하면 잡아먹으려 하려나? 그들이 그 구호를 지킬 필요성을 느끼기보다는 불필요성을 선전하며 솔선수범을 보여야 하는 게 아닌가.

사법기관은 소위 권력기관이라 하는데 불법을 저지르는 사람, 탈법한 행동을 하는 사람을 다스리는 기관일 뿐이고, 그들이 없으면 필요 없을 기관이다. 그들이나 두려워하고 무서워하지, 착하고 선량한 사람들은 전혀 그럴 필요가 없어 권력기관이 안중에 없는 것이 아닌가. 여전히 사법기관이 부정부패의 모범 기관이고 심지어 개혁의 대상까지 되는 판이며 더군다나 사법기관의 존재 토대인 죄인들을 상대로 죄를 짓는 것이라면 세칭 권력기관은 무슨 의미인가. 죄인들 앞에서 그들을 상대로 죄짓는 것이 권력인가. 헌법상 주권은 국민에게만 있고 국민으로부터 권력이 나오는데 그 권력을 국민에게 준 일이 있는가?

불법·불의의 발자국 위에 세워진 법원 검찰의 쌍둥이 빌딩과 요소마다 세워진 경찰서는 또 다른 불법·불의의 전설이 되어있다. 하지만 지금 그들은 존재의미를 상실하고 권력기관으로 치부되고 있음은 분명 필요기관임에도 불필요한 기관임을 전제로 인정해야 하는 참담한 아이러니가 있다.

혹자는 이 글을 읽으면서 사법기관의 위대하고 소중한 역할을 망각하고 무슨 엉뚱한 괴설이냐고 할 수도 있겠다. 그러나 필자는 그들에게 사법기관은 불필요한 기관이 분명하나 절대 없앨 수 없는 현실도 분명하다고 소리쳐 줄 것이다.

필자는 대법원에 4회에 걸쳐 10여 년을 근무하면서 대법원 정문을 들어설 때마다 보는 '자유·평등·정의'라는 현판을 처음에는 대법원에서 구현하려는 목적으로서 실천 의지의 천명으로 보았다. 그러나 어느 날 문득 생각하기를 저 구호가 정말 실현될 구호이며 만일 실현된다면 대법원의 다음 할 일이 무엇일까 생각해 보면서 이같이 엉뚱한 지경에 이르렀음을 고백한다.

자유와 평등은 차치하고 정의는 사법기관의 가장 중요한 구현 목적이며 그 구현이 확실해야 함에도 지금까지를 살펴보면 정의의 기준이 무엇인지, 정의의 기준이 존재하는지 불분명하다.

유명한 철학자 파스칼이 말하기를 "지금 정의의 경계는 산과 바다로서 피레네산맥 이쪽의 정의가 산맥을 넘어가면 불의가 되는 우스운 정의다"라고 일갈하고 정의를 제멋대로 개념화하는 것을 통렬히 비난하였다.

지나온 우리의 사정은 정의의 경계(기준)가 분명하었던가. 어떻든 대법원은 존재의 바탕이 있고 영원히 그 존재 할 이유가 있음을 알았으나, 한편으로 진심으로 불필요한 기관이라고 목청껏 외치고 싶은 마음이 지금도 살아있다.

우리나라의 소송은 '삼심제'이다. 삼심제를 하는 이유는 만인공지(萬人共知)로서 소송(재판)은 복잡하고 까다로워 오판의 여지가 있기에 세 번의 재판 기회를 통하여 오판을 막고 최대한 실체적 진실을 찾자는 것이다.

그러나 실제는 그 바람이 이루어지지 않아 제일, 제이심은 그만두고 최종심인 상고심마저 오판하거나 권력에 지는(휘둘리는) 재판을 해 지탄의 대상이 되었던 것을 누구도 부인하지는 못 하는 일이 아닌가. 그 지경이기에 제4의 심판만이 진정한 심판이라고 하며 그 심판은 이 땅에서는 불가능하고 죽어서 받는 신의 심판이라고 하는 것이다. 그러기에 사형을 당하는 죄인의 입에서도 이 나라의 재판을 불신하고 죽어서 하늘의 신판을 받겠다고 외친다.

솔직히 완전한 심판은 사람에게서는 불가한 기대이고 하늘의 신이나 재단해야 진실이 가려진다는 것인데, 판관들의 높은 자존심이 천길 아래로 떨어지는 아픔(치욕)이 아닌가. 아마도 지금까지 겪어온 세월 동안 그 고질병이 매우 깊어 통증도 제대로 느끼지 못하는 것이 아닌가.

사법기관의 종사자 중 판사나 검사의 평가가 지나치게 높다고 하면 그들은 서운해 하겠지만 그렇게 높이 평가받는 이유가 좀 속되게 표현하자면 잘 살고, 잘 먹고, 잘 입는 직업이기 때문이 아닌가. 곧 대우받는 직업이면서 권세까지 있는 직업이라는 것인데, 필자도 그 상황을 인정하지만 따지고 보면 서글프고 안타까운 것이 덕지덕지하다.

검사는 죄를 지었다고 의심되는 자나 죄지은 자를 잡아 자백을 받는 등 죄상을 밝혀 법원에서 재판받도록 한다.

판사는 죄가 있다고 처벌하여 달라는 사람이나 권리 관계를 다투는 사람들을 재판한다.

　무슨 좋은 일을 하는 것도 아니고 그 정도의 일상으로 살아가면서 솔직히 말하면 죄인들이나 다투는 사람들을 상대하는 사람일 뿐인데 왜 그토록 높이 평가를 받는지 냉철히 따져 볼일이 아닌가? 더 솔직히 말해 죄 없는 사람이나 다툼 없는 사람은 검사나 판사에게 볼 일이 없어 그들이 두렵거나 그들에게 잘 보일 일이 없으니 높이 봐줄 일도 아니지 않은가?

　판사 검사에게 권세가 있다? 죄 없는 사람, 다툼이 없는 사람에게 있는 권세가 아니다. 높은 지성과 높은 인격이 있다? 과연 그럴까? 냉철히 생각해 보자. 스스로 높이고, 스스로 잘나고, 스스로 아는 체하면서 못난 사람, 없는 사람들을 괄시하고 무시했다. 동시에 잘난 사람, 힘 있는 사람에게 아부하는 속물근성은 그들에게도 마찬가지이다. 물론 다 그런 것은 아니지만, 필자가 그 속에서 지내보니 자신 있게 하는 말이다. 스스로가 아닌 국민이 잘나고 똑똑하고 품격 있는 사람들이라고 인정하는 판·검사가 되기 위해서는 스스로 평가절하고 조금 겸손하면, 누구나 존중하고 신뢰하면서 사법기관으로서의 권위를 인정하리라 믿는데, 지금 그대로 버틸 것인가요?

　세상을 잘 살려면 세 부류의 사람을 알아두라는 말이 있다.

　첫째 사법기관의 한 사람이고,

　둘째 의료 기관의 한 사람이고,

　셋째 용한 점쟁이 한 사람이다.

　둘째와 셋째는 그만두고 첫째 이유는 사람이 살다 보면 죄를 지을 수도 있고 송사를 만날 수도 있어 사법기관에 신세를 지게 되는 경우가 생길 수 있다. 이때 사법기관의 한 사람을 알고 있다면 그 사람의 신세를 질수 있다는 것이다. 신세라는 것이 정당한 신세가 아니라 좋게 말하면 편한 신세요, 나쁘게 말하면 부당한 신세인 것이다. 이는 아는 사람의 덕을 보겠다는 것이 아닌가? 이렇듯 사람들이 기대고 의지하려는 사법기관이기에 권력기관이 되었고, 그러기에 스스로 높아진 것이라 하면 너무 과한 생각일까?

시대가 변하는 속도가 너무 빠르고 심하여 이제 '메가 트렌드' 시대라 한다. 사법기관도 기존의 싸구려 양심과 가장된 정의의 구습을 벗고 이제 새로운 권위와 품격을 갖추며 사법 본연의 임무에 충실하기 위해 놀랄만한 메가 트렌드를 펼쳐 나가야 한다고 본다.

권력 지향에서 봉사 지향으로, 군림하는 자리가 아니라 섬기는 자리로 들어 설 때가 된 것이다. 그것이 사법기관의 목표가 아니라 행동이어야 하고 현주소가 되어야 한다. 무엇보다도 권력의 소유자로 자처하면서 권력의 추종자가 되는 것이 얼마나 부끄러운 일인가를 뼛속 깊이 뉘우치고 도려내야 한다. 자랑스러운 사법 독립군이요 사법 정의 용사이며 사법 가족임을 자부하는 완장을 차고 살아야 한다. 이렇게 하면 너무 엉뚱한 욕심이라 할 것인가? 앞으로 세대는 권력에 당했다, 억울하게 당하였다, 가진 것이 없기에 당했다 등의 소리는 없어야 하지 않겠는가? 그 일을 사법기관이 하지 않으면 누가 할 일인가? 아주 대범하게 흥 크게 사법 메가 트렌드를 내걸고 나설 자 누가 없냐고? 바로 당신이 아닐까요!

2) 사법기관의 진화는 계속되어야 한다.

사법기관은 진정한 권력기관이 아니다.

　이상적으로는 사법기관은 없는 것이 좋으며 또 불필요한 것이지만 현실은 꼭 필요한 것이다. 정의는 불의가 존재함으로 태어났기에 정의를 수호하기 위해 사법기관은 절대적으로 불필요하면서 필요한 기관이다.
　그러나 사법기관이 꼭 권력기관이 되어야 하는 이유는 없다. 그런데도 현실 무소불위의 사법 권력이 존재하는 이유는 그 이유를 제공하는 자가 불법자들이고, 국민 중 많은 수가 불법자이기에 사법기관이 권력기관이 되는 것이다. 즉 불법(죄) 위에 권력이 생겨난 것이라면 죄인들이 권력을 쥐어준 것이다.
　이제 사법기관은 권력답지 않은 권력이라는 멍에를 벗어버리고 본래의 사법기관으로 돌아간다면 좋지만 스스로는 매우 어렵다. 온 국민이 나서서 그 권력의 멍에를 벗겨야 하지 않을까 한다. 검찰이 상투적으로 쓰는 말로 "법과 원칙을 지킨다"라는 말은 검찰이 아니라 국민의 입에서 나와야 한다. 아직 기대하기는 어렵지만 "모든 범죄는 법대로 처리한다"라는 말을 검찰이 해야 하는 것이 아닌가?

사법기관이 예전과 비교하여 많이 변하고 발전하였지만 지금도 개혁이라는 간판을 달고 살고 있고 개혁한다고 하면서도 왜 그리 속 터지게 느리고 난감한가. 얼마나 더 기다려야 하는가. 개혁이 아니라 개선이라도 하면서 국민의 마음을 얻는 사법기관이 됐으면 얼마나 좋을까?

우리 국민이 편하게 사는 것은 사법기관이 치안을 유지하고 범법자들을 잘 교도하기 때문이기에 고마워하면서도 소위 권력기관으로 군림하면서 강한 자에 대한 권력이 아니라 약한 자에 대한 권력이기에 용납하기 어렵다. 아울러 스스로는 관대하고 타인에게만 엄한 권력은 권력이 아니라 '권비(權匪)다.

사법권력이 누구를 위한 권력인가. 국가에는 국가의 안전과 질서를 지키고 유지하기 위한 통치 권력이 필요하다. 그 통치권력을 다르게 보면 정치권력으로서 국가운영의 모든 것이 정치 아닌 것이 없다(서울대학교 조영달 교수)고 하면 사법행위도 정치권에 포함되는 것이다. 그 정치권력은 주권자인 국민이 부여한 것이기에 결국 국민을 위한 권력이어야 하며 사법기관을 위해 별도로 존재하는 권력은 불필요한 것이다. 사법기관은 국가 공권력의 단순한 집행자로 그 사명을 다해야 한다고 하면 좀 바보스러운가? 하지만 중국 송나라 시대의 유명한 판관 포청천은 분명 인정하리라고 믿는다.

지금 늦었다 해도 사법기관의 개혁(개선)은 필요하며 그 속도를 내기 위해 가속페달을 밟아야 할 것이다. 날로 진화하는 사법기관의 모습에 국민 모두 손뼉을 치며 응원하는 내일이 되기를 염원한다.

3) 사법근본주의를 제창한다.

1. 사법근본주의의 기본개념

사법근본주의란 사법기관의 역할이 국가의 법을 판단하고 적용하는 것으로서 국민이 법을 위반하였을 시만 작동하는 것에 한정되고 있다. 하지만 그 범위를 넓혀 그 이전에 국민에게 법을 준수하도록 유도하고 법의 준수를 생활화시키는 사전활동을 사법 기본 역할로 확대하자는 의미다.

사법기관의 기본업무는 국민이 국가가 제정하여 시행하는 법을 준수해야 한다는 의무감과 책임감을 지니도록 유도해, 법의 준수를 통해서 국가의 기본질서를 확립하고 국민 삶의 안정화를 도모하는 것이다. 이는 국가 사법의 기본정신임을 천명해 국가 사법이 법을 판단하고 규율(적용)하는 것에 지나지 않고 한 걸음 더 나아가 법의 준수를 통해 사법 업무를 감소시키는 보다 근본적인 역할로 확대해야 한다는 것이다. 이제 사법은 확대개념이 아니고 축소개념이 더 근본적이라는 새로운 이념으로 바꿔가자는 것이다. 즉 준법정신의 실현으로 준법 복지를 이루어 가는 것을 사법의 근본 목적으로 해야 한다는 주장이다.

설사 완전준법은 기대하지 못할지라도 가능한 한도까지 준법을 유도하는 것이며, 준법을 준행하지 못한 위법에 대해서는 사법권을 행사하는 데 있어 그 적정선을 유지하는 최소한에 그쳐 사법권의 최

소화 최적화를 기본목표로 하는 의미다. (곧 사법이 권력화되는 소지를 방지 또는 감소시키자는 것이다)

2. 사법근본주의의 제창이유(필요성)

가. 사법기관의 권력화 방지

최근 국가 권력기관 중 사법기관이 비대해져 이른바 무소불위 권력이라는 말까지 나오는 이유는, 국민의 쟁송과 위법이 많아짐에 따라 사법기관의 업무 또한 늘어나서 사법기관은 날로 비대해지고 그 비대해진 사법기관은 주어진 권한과 조직을 앞세워 월권하는 이른바 권력 기관화되고 말았다. 이는 사법 업무가 팽창함에 따른 사법기관의 비대화를 불러와 이루어진 현상이라 하겠다. 사법근본주의 정신에 따라 국민이 준법을 실행에 옮겨 사법 업무가 축소하면 자연히 사법기관도 축소해 그 조직적 힘이 감소할 것이 분명하다. 그러하기에 사법근본주의의 실현으로 사법기관의 권력화 방지라는 소기의 목적을 이룰 수 있다 할 것이다.

나. 국가안정과 국민 삶의 질 향상

사법근본주의 기본목적이 준법함양으로 인한 국가 사법권의 최적화·최소화이기에 그 목적이 원활하게 이루어진다면 국민이 위법으로 인한 고통과 부담을 벗어나 안정되고 자유로운 사회생활이 보장돼 삶이 즐거워지고 건강한 방향으로 발전해 갈 것이다.

다. 국가 사법 예산의 감소

사법기관이 비대해지고 그 조직원이 많아짐에 따라 사법기관의 유지와 사법 활동에 필요한 국가 예산이 날로 늘어나는 추세는 계속되고 있다. 이러한 현실에 사법근본주의 목적 실현으로 사법기관이 축소되고 그 조직원이 감소한다면 당연히 국가 예산은 감소할 것이다.

3. 사법근본주의와 사법기관

사법근본주의의 실현목표가 완전준법에 있다는 것은, 곧 사법기관의 불필요성에서 출발하는 것이기도 하다.

그러나 제창자가 위에서 주장하였듯이 사법기관의 필요성을 부인하는 것이 아니다. 사법기관의 존재 근거가 되는 그 필요성이 법의 위반이라는 데에 있다고 하면 법의 위반이 없을 때는 사법기관의 역할이 없기에 존재할 이유가 없다는 취지일 뿐이다. 사실상 기대 불가능한 일이기에 사법기관은 필요기관이라는 결론을 내릴 수밖에 없다. 아울러 사법기관의 중대한 역할과 권한은 존중되어야 한다. 다만 그 업무의 공정성, 공평성은 지켜내야 한다는 것이나. 이리한 현실적 문제점을 지적하고 그 대책으로 그동안 수많은 주장이 있었으나 개혁 일변도 또는 규제확대 정도였다. 이를 통해 볼 때 보다 근본적인 접근을 도모하기를 바라는 심정에서 사법근본주의를 제언해 보았다.

하지만 국민과 법조인들이 공감해 줄지는 자신 없다. 여기서 만일의 오해 여지를 줄이기 위해 사법근본주의가 사법기관의 존재를 부정할 수도 없고 부정하지도 않으며 오히려 그 역할을 역방향으로 확대하라는 것이다.

결론적으로 사법기관은 그 필요성이 감소해야 사법의 근본 목적이 실현되는 것이다. 아울러 사법근본주의는 사법 목적이 법의 적용에만 기본목적이 있는 것이 아니라 법의 준수에도 기본목적을 새롭게 정립한 근본적 사법개념이라는 것만은 이해가 되었으면 한다.

Chapter 8

법정 외 기록

1) 미래사법에 대한 엉터리 예언서

　미래는 가히 예측 불가의 환경변화와 고도기술의 발전으로 인간의 생활과 제도가 어떻게 바뀔지 모르나 미련한 소견으로 감히 예단해 보면 수사기관은 수사를 받을 것이고 재판기관은 재판을 받을 것이며 변호사는 변호를 받을 것이다.
　민도가 높아지고 감시 수단이 고도화되는 장래에는 수사기관의 능력을 뛰어넘는 초월적 전자감시(융합기능)가 있을 수 있다. 지능형 전자소송시스템은 소송 전에 예측단계을 거쳐서 판결이 생성되고 그 판결의 정당성은 민중이성과 집단지성이 판별하게 되며, 변호사는 인공지능의 협조를 선제적으로 받아야 하는 시대가 된다. 즉 수사나 재판을 돈 들여가며 바로 사람에게 맡기지 않으려 한다. 인공지능이 선심(先審)으로서 사건 대부분을 해결하고 검사 또는 판사가 최후적 후심(後審)이 되는 정도에 그칠 것으로 보인다.
　수사기관은 앉은뱅이가 될 것이며 재판기관은 벙어리가 될 것이며 변호사는 로봇이 될 것이다.
　앞으로 고도화된 기술과 넘치는 정보시대에 뛰는 수사가 아니라 앉아서 하는 수사가 대종을 이룰 것이다. 재판기관은 법정에서 대면재판이 아니라, 컴퓨터(온라인) 앞에서 마우스를 움직이며 말없이 비대면(언택트)으로 재판하게 되며, 변호사들은 의뢰인이 주문하는 대로 대역(용역)을 충실히 하는 정도에 만족해야 할 것이다.

수사기관은 인공위성(정보)을 타고 놀고 재판기관은 AI(PC)와 놀고 변호사만 사람들과 논다.

통신수단의 지고한 발전과 무한대의 지식정보축적시대에 이르러 수사기관은 인공위성(정보기술)의 도움 없이는 수사 영역을 확보할 수 없고, 재판은 인공지능의 도움 없이는 판결이 불가하나 변호사들은 끝까지 사람들을 상대로 일할 수 있는 영광을 누린다.

그러나 100년 이내에 원탁(한팀)에서 한팀으로 만날 것인가? 아니면 모두 사라질 것인가? 걱정을 해 보면서 이 예언이 틀리기를 바란다.

2) 자문자답

이 책의 핵심정리

1. 판사(判事)중에는 판사(販士·돈에 팔리는 판사))가 있다는데?
   답: 절대 없다? 사판(私判·사사로운 정에 이끌리는 판사)은 있다.

2. 변호사의 수임 역사상 최고의 수임료는?
   답: 알면 미친다.

3. 재판에서 가장 센 힘은?
   답: 돈(金)과 전관(前官)이 서로 세다고 싸운다.

4. 변호사가 능력(자격시험)통과는 했는데 인격(직업윤리시험)통과는?
   답: 무사통과

5. 법(法)은 무슨 뜻인가요?
   답: 죄지은 자를 물에 빠뜨린다는 뜻(罪人水去)

6. 도둑놈 중에 가장 나쁜 도둑 순(順)은?
   답: 1) 권도(權盜) 2) 법도(法盜) 3) 심도(心盜)

권력을 도둑질하면 영웅이 되고, 법을 도둑질하면 부자가 되고, 마음을 도둑질하면 천국에 간다.

7. 수사 중에 가장 쎈 수사는?

　답: 철저수사(대통령이나 장관이 지시한 수사)

　(수사의 종류: 일반수사·특별수사·기획수사·하명수사·짝퉁수사·가라수사 등)

8. 변론 중에 최고의 변론은?

　답: 몰래 변론(전화 변론)

9. 재판 중에 가장 신뢰받는 재판은?

　답: 신(神)의 재판(제4심)

10. 공판검사의 제1 사명(임무)은?

　답: 검사 보호(무죄방지)

11. 검사가 제일 좋아하는 피의자는?

　답: 자기 죄도 불고 남의 죄까지 불어대는 마당발?

12. 법관의 양심은?

　답: 그들의 가슴 안에 있어야 맞지만 있는지는 잘 모른다. 아니 있는 사람이 조금 많다. (숨어있는 양심은 양심이 아니다.)

13. 위증을 막을 방법이 있는가요?

　　답: 사람이 증언하는 한 불가

14. 전관예우는 없앨 수 있는가요?

　　답: 전관과 현관 간의 예우라는데 도의상 절대 불가, 그러나 돈 있는 사람만 갖는 명품이기에 반드시 없애야 한다.

15. 검사도 폭력을 쓰나요?

　　답: 전혀 없다. 다만 검사는 만졌을 뿐인데 피의자가 맞았다고 하는 것이다. (폭력검사 = 안마검사)

16. 판사들의 종류와 그중 나쁜 판사는?

　　답: ① 종류: 가판사·골판사·돈판사·안판사·오판사·탕판사 등등 (가나다순)

　　② 나쁜 판사: 없다.(가짜 판사(?)는 있다.)

　　서울 중앙 지방 법원 동문 앞 대로변에 "나는 재판독립권한을 악용해 국민의 피눈물을 짜내는 가짜판사다. 나는 기소독점권한을 악용해 국민의 피눈물을 짜내는 가짜검사다"라는 현수막이 2020년 12월부터 걸려 있다.

17. 검사·판사와 언론은 어떤 관계인가요?

　　답: 검사는 언론을 이용하고 판사는 언론을 짝사랑한다.

18. 검사끼리 판사끼리 서로 청탁을 하나요?

    답: 그건 물어보면 안 된다.

19. 재판에도 운이 따르는가요?

    답: 소송해 본 사람은 50%, 패전 변호사는 100% 운이 따른다고 한다, 단 소송 안 해본 사람은 모른다고 한다.

20. 변호사는 돈 받은 대로만 움직이는가요?

    답: 돈을 적게 받은 사람은 아니라고 하고, 돈을 많이 받은 사람은 그렇다고 한다.

21. 죄 중에 괘씸죄가 있는가요?

    답: 예전에는 있었으나 지금은 사라지고 작씸죄(작심하고 죄를 엮어서 처벌)가 생겨났다.

22. 원하는 법원상은?

    답: 양심과 인정(사랑)이 살아 조화를 이루는 법원

23. 법관들에게 양심과 자존심 중 어느 것이 더 센가?

    답: 자존심이 더 세다. 판사의 자존심은 용(龍)의 수염과 같아서 건들면 죽는다.

24. 검사의 감수성(感受性)은?

   답: 가) 인권인지깜수성: 있는 것 같지 않다.

   　　나) 정의인지깜수성: 있는 것 같지 않다.

   　　다) 공정인지깜수성: 있는 것 같지 않다.

25. 검사의 권력 특징?

   답: 가) 악성(惡性) 권력: 선한 사람에게는 없는 권세

   　　나) 비상(非常) 권력: 죄인에게만 특별히 있는 권세

   　　다) 교도(矯導) 권력: 이제는 바로 잡아야 할 권세

26. 검사와 판사의 관계?

   답: 전에는 간담상조(肝膽相照)였으나 지금은 동편상조(同便相助), 즉 전에는 서로 협조가 잘 되었으나 지금은 같은 편끼리만 협조하는 사이

27. 검사와 판사의 최고특기는?

   답: 검사: 덮기, 판사: 뒤집기

   * 검사는 죄를 덮어주는 재미에, 판사는 전(前) 심급을 뒤집는 재미에 산다.
   * 민사 상소사건의 파기율은 항소법원(지법 항소부, 고등법원)과 대법원이 차이가 있는 데 항소법원 파기율은 약 40%(1999년도 총 9,469건 중 4,413건 파기) 대법원은 약 7% 정도다. 항소법원은 파기하는 재미로 재판하고 대법원은 기각하는 재미로 재판한다는 소리도 있는데 3심제도를 두는 이유가 충분하고 특히 형사사건은 더욱더 그렇다고 할 수 있다.

28. 검사에게 가장 재수 없는 경우는?

　　답: 사건을 덮어주고 들켰을 때(안 들키면 그만인데)

29. 판사에게 가장 재수 없는 경우는?

　　답: 자기가 봐준 사건이 상급심에 가서 뒤집혔을 때(속 보이고, 속이 뒤집히고)

30. 경찰과 검찰의 다른 점, 같은 점

　　답: 다른 점: 검찰은 저물어가는 해, 경찰은 뜨는 해
　　　　같은 점: 국민이 불신하는 공무원

31. 법원과 검찰 경찰과의 관계는?

　　답: 셋은 형제(사법기관)이기는 하지만 법원과 검찰은 이란성 쌍둥이고 경찰은 이복형제다.

32. 운동선수나 연예인의 거리는 있는데 검사나 판사의 거리는 없는 이유?

　　답: 그들이 길을 잘 못 가고 있기 때문

　　* 미국에는 피오렐로 라과디아 판사의 주차장이 있음

　　* "법관의 길이 어려운 것이 아니라 어렵기에 법관의 길이다". 최 모 부장판사의 말 "그래서 바른길이 없다고?"

33. 법정은 어떤 장소인가?

　　답: 권위·진실·교양·품격·감동이 깃든 기피(忌避) 장소

34. 정의란 무엇인가?

답: 불의(不義)의 반대말 정도로 가볍게 생각해야 조금 보이는 귀한 슬로건이다. (진정한 정의는 알 수 없고 말(슬로건)로만 무성하다.)

* 정의의 여신이 눈을 가리고 저울을 들어 그 균형을 맞추는데 정의는 불의만 아니면 되나? 불의와 균형이 맞지 않으면 그 의미가 없다. 불의 없는 정의는 존재가치가 없기 때문인가?

35. 대한민국에는 꼭 있어야 할 3대성원칙(三大性原則)은 무엇인가?

* **성 미란다(安吳앤朴) 수칙(原則)**

당신은 나의 행동에 대하여 거부할 권리가 있고 수인할 자유도 있습니다. 아울러 당신의 지금 태도는 법적 책임에서 불리할 수도 있음을 경고합니다. - 거부 없는 태도는 불리함을 경고

* **한계저항 체감(증)[限界低抗遞感(增)]의 법칙**

성적 피해를 입은 사람(여성)의 초기 저항심은 시간이 갈수록 줄어들거나 늘어 날 수 있는데 단수적 가해 행위에 대해서는 시간이 갈수록 점점 감소하는 경향이 있으나, 연속적인 가해 행위에 대해서는 점점 증가하는 경향이 있을 수 있다는 법칙(가설)

* **한계저항 최소(最小)의 원칙**

성적 피해는 성인으로서 정상적인 의사 능력이 있는 사람이라

면 일정 기간(3~6개월) 이내에만 형사 고소(고발)권을 인정하자는 주장(정신적 피해, 신체적 피해로 인한 손해배상청구권은 10년 이상 인정), 무제한의 저항을 인정하는 것은 상호 장기간 심리적, 법적 안정성을 해치는 것이기에 그 최소한계를 두어 조기 정리(해결)할 필요가 있다. 이는 민법상의 소멸시효나 형사법상의 공소시효 법리에 비교되고 친고죄의 고소기한 제한과도 상통된다. 다만 특별법상 성범죄는 예외다.

* 최근 한국사회의 문제거리로 대두되고 있는 성폭력문제에 관하여 필자의 부족한 법리적 사고의 일단을 피력하면서 성폭력은 법률적 인권적 문제만이 아니라 사회적 문화적 문제이기도 하기에 지나친 규제나 간섭 일변도를 지양하고 삶의 질과 품격을 조화롭게 일반 수준 이상으로 유지해 가는 방향에서 그 해결이 되기를 바라는 마음으로 위 기본원칙을 가설로 제시해 본 것임을 양해 바란다.

36. 변호사(辯護士)에게는 "士"자를 붙여주고 판사(判事) 검사(檢事)에게는 "事"자를 붙여주는 이유는?

답: 변호사는 일반 생활형 직업인이고, 판사 검사는 특별한 공익적 직업인이기에 존대하는 의미로 그렇게 하셨으나 지금 같아서는 모두 "士"자를 붙여야 할 것 같다.

37. 이책이 누구에게 가장 도움이 되겠는가?

답: 돈 주고 사서 읽어 보는 사람에게만

후기

인간의 불완전한 본성 잊어서는 안 된다!

사법기관은 오로지 법과 양심이 통하는 곳이어야 하고, 금력이 통하는 곳이어서는 안 된다.

개인의 사적 능력(친분)이 통하는 곳이어서는 안 된다.

권력의 힘이 통하는 곳이어서는 안 된다.

그러나 통하는 곳이기에 국민의 신뢰를 잃고 있다.

한 사람의 판사를 비난하는 것이 아니라 사법부를 통째로 비난하는 현실이 안타깝다. 다만 조금씩 나아지고는 있다.

하지만 완전한 신뢰는 기대 불가하다.

절대 완전하지 않고 완전할 수 없는 인간이 판사고, 판사가 재판하기 때문이다.

앞으로 전자 플랫폼 위에서 인공지능(AI)의 활용시대가 전개되고, 인공지능이 인간을 단순 학습하는 과정(machine learning)을 넘어 스스로 데이터를 조합·분석·학습하는 과정(deep learning)에 이르면 돈도 친분도 권력도 힘(개입의 여지)을 잃게 되어 비교적 공정 공평한 합리적 재판을 기대 할 수 있을지 모른다. 하지만 인간은 만물의 영장으로서 능력의 절대 우위(관리자)가 유지되는 한 사법과정의 소소한 작란(作亂: 이념 갈등·정의 개념의 기준 모호성 등)은 계속될 것이 분명하다.

  그렇다 하여 우리는 그것까지 걱정하는 바보가 되어서는 안 된다. 인간이 인간의 불완전한 본성을 잊어서는 안 되기 때문이다.

☞ 민사소송 5계명(民事訴訟 5誡命)

1. 소송은 안하는 것이 좋고, 한다면 이겨야 하지만 이겨도 기뻐하지 마라.

2. 소송은 판사나 변호사를 믿는 것이 아니라, 자신의 준비(증거)를 믿어라.

3. 소송에서는 진실의 힘보다, 증거의 힘이 더 강함을 알라.

4. 소송으로 돈을 잃는 것은 적게 잃는 것이고, 사람을 잃는 것은 더 많이 잃는 것임을 알라.

5. 소송에 질지라도 인간적으로 지지 마라.

☞ 형사소송 5계명(刑事訴訟 5誡命)

1. 피고인은 판사를 어버이처럼, 검사를 파느너처럼 여기라.

2. 피고인의 깨끗한 승복이 최선임을 알라.

3. 피고인은 죄를 버릴 수 있으나, 그 책임은 버릴 수 없음을 알라.

4. 피고인의 철저한 반성(회개)은 법정이 주는 아름다운 선물임을 알라.

5. 피고인의 수형(受刑)은 인생의 새로운 전기(반전기회)가 될 수 있음을 알라.

제2 법정록
(第2 法廷錄)

인쇄·발행	2021년 4월 30일
지은이	이쌍수
펴낸 곳	글로벌마인드지엠(주)
발행·편집인	신수근
편집디자인	나래
등록번호	제2014-54호
주소	서울 관악구 관악로 105 동산빌딩 403호
전화	02-877-5688(대)
팩스	02-6008-3744
이메일	samuelkshin@naver.com

ISBN 978-89-88125-52-6 부가기호 03360
정가 15,000원